斎藤一人 みるみる幸せをよぶ魔法の法則

舛岡はなゑ 著
もり谷ゆみ 絵

PHP研究所

はじめに

こんにちは。舛岡はなゑです。

私が「まるかん」の仕事を始めて、もう二十年近くになります。「まるかん」というのは、累積納税額日本一、斎藤一人《さいとうひとり》さんが創業した健康食品、自然化粧品の会社です。

私が一人さんと知り合ったのは、「まるかん」の仕事を始める前、私が「十夢想家《とむそうや》」という喫茶店をしていたころですから、人生の半分以上は一人さんと一緒にいることになります。

一人さんは私にいろいろなことを教えてくれました。

人は幸せになるために生まれてきたこと。

幸せになるためには心で思っていなくても、いい言葉だけを口にすること。

顔と髪をつやつやにして、華やかな格好をしていれば、それに似合うような幸せな人になれること。

成功するためには楽しんでやること。苦労なんかしてはいけないと言います。

いつでも、どんなときでも楽しむことの大切さも教えてもらいました。その教えを守っていたら、暇な喫茶店「十夢想家」の舛岡はなゑは、いつの間にか東京・江戸川区の高額納税者にまでなってしまったのです。

何より、いつも楽しくて幸せ！

一人さんの話を直接聞けない人にも、一人でも多く幸せになってもらいたくて、楽しいイラストブックを作ってみました。

中には私が一人さんから聞いたお話がぎっしり。

可愛いイラストをたくさん入れて、どこを開いても幸せになるための一人さんの教えが1～2テーマ読めるようになっています。どこから読んでも大丈夫です。ちょっと疲れたな、元気が出ないなというとき、パッと本を開いてみてください。そこにあなたがそのときいちばん必要としているメッセージがありますよ！

幸せになるのは簡単です。ここで紹介したことをやってみればいいだけなんですから。もちろん全部できれば言うことないですが、一つでも二つでも、できそうなものから始めてみてください。その日からあなたの人生は少しずつ変わり始め、気がついたら毎日ワクワクと楽しいことばかりになっているはずです。

あなたに雪崩のごとく良いことが起きます！

本当ですよ。ぜひ実践してみてくださいね。

二〇一〇年十月

一人さんとともに　舛岡はなゑ

斎藤一人　みるみる幸せをよぶ魔法の法則　目次

第1章　言葉を変えて幸せになる

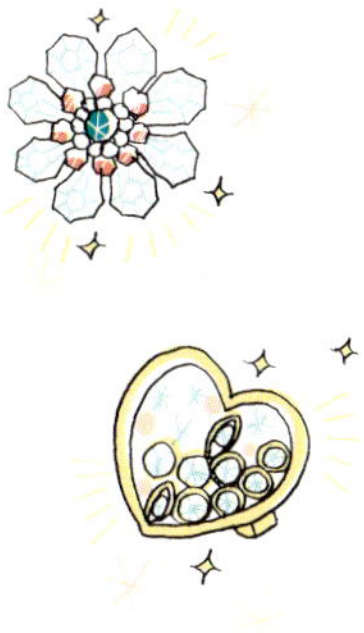

第2章　外見を変えて幸せになる

第3章 日常生活と考え方をちょっと変えて幸せになる

非常用

装　　丁　根本佐知子（Art of NOISE）
編集協力　中川いづみ

第1章　言葉を変えて幸せになる

あなたを幸せにする天国言葉、不幸にする地獄言葉

幸せになるために、
何より大事なことは、
言っても聞いても楽しくなる
言葉を使うこと。この言葉を
私たちは天国言葉と読んでいます。
代表的なのが、
「愛してます」
「ついてる」
「うれしい」
「楽しい」
「感謝してます」
「幸せ」
「ありがとう」
「許します」
という8つの言葉。
これらの言葉を口ぐせにすると、
人相までよくなって、
いつでも笑顔の○の顔になってきます。

反対に使ってはいけないのは、
言ったほうも、聞いたほうも
気持ちが暗くなる地獄言葉です。
「恐れている」
「ついてない」
「不平不満」
「グチ・泣きごと」
「悪口・文句」
「心配ごと」
「許せない」などがそれです。
こんな言葉ばかり使っていると、
眉間にシワが寄り、
口角が下がった×の顔に
なってしまいます。
こんな顔をしている人の
ところへ幸せはやってきません。
幸せな人はしかめ面なんかしないものです。
もし地獄言葉を言ってしまったら、
天国言葉セットを三回言って
打ち消してくださいね。

成功への道は、宝くじより天国言葉

なかなか思いどおりの人生にならず、一発逆転、起死回生を狙《ねら》いたくなる気持ちはわかります。

そう思って宝くじを買っている人もいるかもしれませんが、私は宝くじが当たるのは隕石が当たるくらい低い確率だと思っています。それよりも確実なのは、天国言葉を使ってキラリンと光る言葉を言っていること。

そうすれば、あなたの周りの知りあいや、あなたより成功している人があなたに目をかけて引き立ててくれるでしょう。

そうやって一歩一歩ステップアップしていくほうが宝くじで一等を狙うより、よっぽど確実です。

しかも天国言葉を使っていれば、人生の岐路《きろ》に立ったとき、必ずいいほう、いいほうを選ぶようになるので、いい人生を送れるようになります。

一発逆転なんてバクチのようなことを考えず、天国言葉を使いながら、地道にやるのがいちばん近道。

その証拠に、一人さんがやってきた仕事の中で一発逆転なんか一つもありません。

一人さんは言います。
「地道にコツコツやるのが
いちばんいいんだよ」。
たとえば「まるかん」で
新商品を作ったとき、
サンプルやチラシを
「まるかん」愛用者全員に送ったりしません。
ほんの一部の人に送り、
評判がよかったら本格的に販売するのです。
そうやって地道に、地道にやった結果、
成功したのです。

一発逆転を狙っていると、
怪しい投資話にもひっかかりやすくなります。
だいたい冷静に考えれば、
「私はこんなふうに儲けました」なんて
いきなり話すこと自体怪しいですよね。
うまい話なんかこの世にないと
心得て、天国言葉を使って
地道にコツコツ。いつかきっと
神様がご褒美をくれます。

幸せと言っていると幸せがくる

「似合わないことは起こらない」と、一人さんは言います。

「幸せ」「幸せ」と言っていると、次々に心から「あー、幸せだなあ」と言いたくなるようなことが、実際に起こり出します。

「不幸だ」「不幸だ」と言っていると、次々に「不幸だ」と言いたくなるようなことが起こり出します。

だから、無理やりでも「幸せ」と言ってください。

そうしているうちに、いろいろな「幸せ」に気づき始めて、いつか心から「幸せだなあ」と言える自分になっています。

そして、あなたが驚くくらい、あなたの周りに幸せな人や、幸せなできごとが引き寄せられてきます。

目がさめて幸せ

朝になったら目がさめるのは当たり前？　そんなことはありません。世の中には目をさましたくても、さませない人がたくさんいるのです。そう！　いちばんの幸せは今生きているということ。こんなステキな地球にいるということ。それを忘れないでください。

家族がいて幸せ、仲間がいて幸せ

人間は一人では生きていけないものです。家族がいて幸せ、仲間がいて幸せ。人と人がぶつかれば摩擦が起きるけれど、それも人間修行だと思えば幸せ。生きているうちに一人でも友と呼べる人ができれば幸せです。

おいしくて幸せ

ごはんが食べられるのは、それだけで幸せ。おいしければ、なお幸せです。おいしかったら「おいしいね、おいしいね」と言いながら食べましょう。口に出して言うと、おいしさはさらに倍増します。私たちは命のあるものしか食べられません。ということは、命をいただいているのです。「おいしくて幸せ」と感謝しながらいただきましょう。

自分が病気になっても幸せ

もし自分が病気になっても、「生きているだけで幸せ」「病気の人の気持ちがわかってよかった」……こう言っていると、病気が早く治るから不思議です。

どんなときも「ついてる」「よかった」

転んでも「ついてる」

ラッキーなとき「ついてる」と
言うのは当たり前。でも、どんなときでも
「ついてる」と言えてこそ、
天国言葉の使い手と言えます。
転んでひざをすりむいて、涙目になっても、
「ついてる」
「このぐらいですんでよかった」
と言いましょう。

何かモノを落としても「ついてる」

もしあなたが何かを落としてしまったら、
「えー、どうしよう」ではなくて、
「命まで落とさなくてよかった。ついてる」。
落とし物が出てくるおまじないは
27ページで紹介しています。
参考にしてみてください。

雨が降っても「よかった」

雨が降って、「いやになっちゃうなあ」は、ふつうの人ですよね。ステキなあなたは、雨が降ったら、「木が喜んでる。うれしそう」と言ってください。雨の日って、本当にキレイなんですよね。若葉の匂いが立ちこめたり、ステキなレインシューズがはけたり。雨の日のおしゃれも楽しみの一つです。

ヒールが折れても「よかった」

マンホールの穴にヒールが入って折れてしまった！　お気に入りの靴だったら、しばらく立ち直れないほどのショックです。でも、こんなときでも「脚が折れなくてよかった。ついてる」と言いましょう。

こんなふうに物事を前向きにとらえられる人は、次から起こる展開がいいことばかりに変わってきますよ。

ちょっとしたことで悲しんだり、ふてくされたり、落ち込んだりすると、次々とイヤなことを引き寄せてしまいます。それを昔の人は「泣きっ面にハチが刺す」と言ったんですよ。

「感謝してます」でいやな人はいなくなる

「まるかん」に電話をかけた人が、
まず驚くのは挨拶ではないでしょうか？
今から十六年前、一人さんから
「これからは電話に出たとき
必ず『感謝してます』と言いましょう」
と言われたのです。
「感謝してます」とは、とても
いい波動を出す言葉なのだそうです。
ちょっとむずかしいかもしれませんが、
リストラされたときも
「今まで自分を雇ってくれて
感謝しています」と言ってみましょう。
それで再就職先が見つかった人もいるのです。

いじめる上司に「感謝してます」

この言葉には本当に不思議な力があるんです。
一人さんの弟子の遠藤忠夫さんが
自動車教習所に勤めていたころ
上司のいじめに悩んでいました。そんなとき、一人さんに
「上司との関係がよくなるとっておきの言葉」
として教えられたのがこの言葉です。
なかなか言えなかった忠夫ちゃんですが、
思いきって言ってみたところ
何を言っても無視していた上司が
挨拶を返してくれ、
忠夫ちゃんがやりたかった
仕事をさせてくれる
ようになったのです。
あなたも上司に
いじめられていたら
勇気を出して言ってみてください。

人の幸せを願う

「感謝してます」と同じくらい
不思議な力をもつのが
「この人にすべての良きことが
雪崩のごとく起きます」
という言葉です。
出会う人すべてに
心の中でこの言葉を言います。
たくさんの人がいるときは
「この人たちにすべての良きことが
雪崩のごとく起きます」
人の幸せを願えるほど、
心が豊かなことはありません。
それを見知らぬ人にもやるのです。
なんてステキなことでしょう！
このワクワクは
やってみればわかります。
もし、どうしても言いたくない
イヤな人が現れたら、

「この人の真の魂に申し上げます」
と加えると、言いやすくなります。
この言葉を言っていると、
どんどん幸せで
豊かになっていきます。

こんなときにも、あんなときにも「ありがとう」

人はいろいろな人の支えがあって
日々生きていられるのです。
「ありがとう」「ありがとう」と言って
幸せの輪を広げていきましょう。

一人さんはすごいです。
レストランでお水をもらったときは
もちろん、高速道路のサービスエリアで
トイレの掃除をしてくれる人にも
「ありがとうございます」、
道路工事をしている人にも
「ありがとうございます」。
だれかに出会うたびに「ありがとう」を言っています。

職場の人間関係が悪いと悩んでいた人が
「ありがとうございます」と言うようになったら
とても雰囲気が和やかになったと言っていました。

何かをしてもらったとき、
笑顔で「ありがとう」と言いましょう。
笑顔の花があちこちに咲きます。

上級者は「ありがとう」のあとに「感謝してます！」

不思議な力をもつ言葉、「感謝してます」。
「ありがとう」でも
もちろんいいのですが、
「感謝してます」と言えば、
さらに幸せがやってきます。
でも、なかなか言いにくいですよね。
それにいきなり「感謝してます！」と
言ったら、驚かれてしまうかも。
だから、「ありがとう」に続けて
「感謝してます！」と言うのがおすすめ。
これなら言いやすいでしょう。
たとえばタクシーから降りるときは
「ありがとうございました。
感謝してます！」
職場から帰るときは、毎日明るく元気に
「また明日！　今日はありがとう。
感謝してます」
終わりよければすべてよし！　ということです。

お先に!!
今日はありがとうございました
感謝してます!

グチを聞かされたら、「そうだよね、わかるよ」

グチは地獄言葉です。
「つまらない」「いやになちゃう」
など、グチばかり言っていると、
言葉に現実が引き寄せられて、
どんどんよくないことが起こり、
ますますグチが言いたくなる状況に。
グチが言いたくなったら
グッと我慢し、無理やりでも
「ついてる」と言いましょう。
もし、グチを聞かされたら、
最初のひと言は「そうだよね、わかるよ」。
そしてそのあと、あなたの意見を言いましょう。
「そうだよね」と言われることで相手は自分が
受け入れられたと思い、
あなたの意見を聞こうかなという
気持ちになれるのです。
いずれにしろ、周りがどんなに地獄言葉でも、
あなたは天国言葉で光り輝いてください。

いつまでもつきあうのはやさしくない

グチをこぼすのは、それだけつらいことがあったから。そう思うと、相手の気持ちがすむまで聞いてあげようと思う人もいるでしょう。それがやさしさだと思って。

でもね、いつまでもつきあっているということは、相手にいつまでもグチを言わせてしまうことです。

やさしくしているつもりで、相手を不幸にしているのです。

天国言葉のパワーと、地獄言葉の恐ろしさを教えてあげてください。

ときには居留守を使ってもOK!

グチをずっと聞いていたら、ぐったり疲れてしまった……なんてことはありませんか?

グチは、言った当人に不幸を招くだけでなく、聞かされた人のパワーを奪ってしまいます。

親が病気、リストラされたなど報告するのはいいけれど、

「○○でいやになっちゃう」など生産性のないグチを毎日毎日では聞かされるほうもたいへん。

グチの電話だとわかったら居留守を使うのも自分自身へのやさしさです。

いやな人と出会うのはワケがある

人生は出会いの連続。
さまざまなところで、
さまざまな人と出会います。
私が今こうしているのは、
一人さんとステキな仲間と
出会ったから。
素晴らしい人とばかり出会えれば
なんの問題もありませんが、
ときにはどうしても気が合わない人、
自分を裏切るようなことをした人にも
出会ってしまいます。
けれど、人生に偶然はありません。
起こることはすべて必然。
いやな人と出会うのも、
何かワケがあるのです。

自分の欠点を教えてくれている

自分にも同じように
いやなところがあって
それを気づかせるために
いやな人が現れていることもあります。
いやな人が現れたら、
自分にも同じようなところが
ないか反省してみましょう。
思いつかなければ、そうではない
自分に感謝しましょう。

違う考え方があることを教えてくれる

あなたは「いやな人」だと思っているけれど、
考え方が違うだけかもしれません。
「こんな考え方もあるのか」と
気づかせてくれるために現れてくれているのかも。
「あんなことを言うなんて信じられない」と
思う前に、どうしてその人がそんなことを言うのか
考えてみましょう。
新しい世界が開けるかもしれません。

修行がちゃんとできているか確認するために

いつも天国言葉を使う、
どんなときにもそれができるか
確かめるために
いやな人が現れているのかも
しれません。
いくら周りの人が地獄言葉を
使っていても、
あなたは天国言葉で
光り輝いてください。
あなたの輝きが
発揮できるチャンスです。

願いごとが飛躍的にかなうちょっとしたコツ

たとえばあなたが
健康になりたいときは、
「健康になりました。
ありがとうございます」
と過去形で4回唱えてください。
大学に入りたい場合は、
「○○大学に合格しました。
ありがとうございます」。
過去形で4回唱えると、
かなう確率がグンとアップします。
他にも、
「素敵な彼氏ができました。
ありがとうございます」
「お客様が増えました。
ありがとうございます」
「○○さんの病気が治りました。
ありがとうございます」
など、願いごとを過去形で言ってみましょう。

健康になりました。
ありがとうございます。
ケホッ

何かをなくしたときも過去形で4回唱える

お財布が見つからない！　こんなときも、
「お財布が見つかりました。ありがとうございます。
感謝してます」と、４回過去形で唱えます。
もちろん、考えられるところを探したり、
警察に届けたり、やるべきことを全部やります。
あとは出てくるのを待つだけです。
本当にこれで見つかるんですよ。
見つからなかったら、何かの災《わざわ》いから
あなたの身代りになって守ってくれたということ。
「ありがたい」と思って、
クヨクヨ考えるのはやめましょう。

見つかりました
ありがとう
ございます
…どこかなー

災いが起こることを願ってはダメ

あの人が
失敗
します
ように…

神様に願いごとをするとき、
やってはいけないことが一つあります。
それは「あの人の仕事が失敗しますように」
「あの人が彼にふられますように」などと
人に災いが起こることを願うことです。
神様は「だれが」ということを重要視して
いません。だから、願った本人に
その災いが降りかかってしまうのです。
それ以前に、そういう人は心が貧しすぎます。
人は、その人の心の豊かさの分だけ幸せで
豊かになります。心は豊かでありたいものです。

自分をほめよう

自分の最大の味方は自分

自分の最大の味方は、自分です。

うまくいかないことがあったとしても、それに向かってがんばったことも知っているのは自分だし、ちょっと誤解されてしまったことがあっても、そんなつもりでやったのではないことを知っているのも自分です。だから、自分をほめてあげましょう。

「かわいい！」「偉い！」「がんばった！」

私はいつも自分をほめています。

ミスをしたときも自分をほめる

ミスをしたとき私は潔く謝ります。

そして、その後自分をほめるんです。

「潔いぞ、はなゑ」「自分のミスを認められて偉い！」って。

鏡を見て、「よし、バッチリ！」

45ページで紹介しているように私は鏡が大好きです。いつも鏡を見て笑顔の練習をしています。

いい笑顔ができたら、「よし、バッチリ」と、自分をほめます。

街を歩いていてもショーウィンドーを見て、

「大丈夫。いけてる」。

こうしていると、いつもご機嫌でいられます。

失敗したり、ミスしたりして
落ち込むのは当たり前。
でも、そんな暗い気分のままにして
おいたら自分がかわいそう。だから
私は失敗しても自分をほめます。
もちろん同じミスは
繰り返さないように失敗した原因を
分析するのも忘れません。

完璧でなくてもほめる

世の中には何事にも完璧を求める人がいるようです。
ひと言地獄言葉を言ったからと、落ち込んだり……。
でも、地獄言葉を言ったと気がついただけ偉いのです。
こんなときは気がついた自分をほめ、次から
言わないようにすればいいだけです。
私は掃除は苦手なので、なかなか完璧にきれいに
できないけれど、たまった雑誌を片づけたり、
窓をちょっと拭いたら、自分をほめます。
完璧を目指していたら疲れてしまいます。

いつでも自分の応援団

私は自分をほめる達人ですから、どんなときでも
自分をほめます。うまくいったときはもちろん、
仕事で四苦八苦しているときでも、「いいぞ、はなゑ」
「偉いぞ、はなゑ」「がんばれ、はなゑ」。
しょっちゅうほめています。
ほめていると元気もやる気も出てきます。
「私なんか」「どうせ」なんて思ったら、
自分がかわいそうです。やめてくださいね。

「自分が大好き」「自分を許します」と言えますか？

「自分を愛して、他人を愛します。
やさしさと笑顔を絶やさず、
人の悪口は決して言いません。
長所をほめるように努めます」
これは私が一人さんに最初に教わった言葉です。
「この言葉を実践していると、
絶対人生はうまくいく」と言われました。
「自分より人が先じゃないのかな」と
思いますよね。私も最初はそう思いました。
でも、違うんです。
神さまがまず幸せになってほしいのはあなた。
そして、あなたが幸せになった時
心からまわりの人を幸せにしたいと思うものなのです。
自分を愛せない人、自分を嫌いな人、
自分を許せない人は幸せになれません。
なぜなら、それだけで不幸だからです。
あなたは「自分が好き」と言えますか？
「自分を許します」と言えますか？

「自分を許します」と言えないときは……

私は幸せなことに自分が大好きなのですが、
世の中には自分のことが嫌い、
自分を許せないという人がいるようです。
親の期待に応えられなかったり、
自分がなりたい自分になれなかったり、
自分を許せない理由があるようです。
今のままでも素敵なのに、
自分が嫌いなんて悲しいことです。
あまり好きじゃなくても、
許せないところがあっても、
「自分が好きです」「自分を許します」と
言ってみてください。
心で思っていなくてもいいのです。
そのうち心から自分が好きと思えるようになります。
どうしても言えないときは、
「自分を許せない自分を許します」と
言ってみてください。
真っ暗な心の中に、ポッと灯った灯がだれにでも見えますよ。

子どもには「かわいいね」「自慢の子だよ」

自分でこんなことを言うのはナンですが、私は両親に「はなちゃんは自慢の娘だ」と言われ、二言目には「かわいいねえ」「いい子だねえ」と言われて育ちました。

とくに優等生ではなく、どちらかというと勉強は嫌いなほう。それでも両親は「かわいいね」「自慢の子だ」と言って育ててくれたのです。

おかげで私は自分が大好きです。根拠なんかないけれど、自信満々で、「私は大丈夫」と思えるのです。

自分が愛されていないんじゃないかと思うと何をするにしても自信がもてないし、いつもぽっかり胸に穴が空いたよう……。

だから子どもには「かわいいね」「自慢の子だよ」と言ってください。

それだけで明るいいい子に育ちます。

犬可愛がりではなくて、猫可愛がりを

子どもの可愛がり方には
「犬可愛がり」と
「猫可愛がり」があります。
「犬可愛がり」というのは、
「お手」や「お座り」など
飼い主の言うことを
きいたときだけほめること
（本当の愛犬家は違うと思いますが）。
猫は、自分が気が向いたときしか
飼い主のところにやってきません。
それでも可愛がるのが「猫可愛がり」です。
テストの点数がよかったから、
何かをしたからと可愛がるのは
条件つきの愛、「犬可愛がり」です。
何もしなくても、ただいてくれるだけで可愛い。
子どもは絶対、無条件の愛、
「猫可愛がり」してください。
子どもは存在してくれるだけで充分です。

入れてくれた学校がいい学校

私が第一希望の高校に落ちて、
しょんぼりしているとき、父はこう言いました。
「バカだなあ。入れてくれた学校がいい学校なんだぞ」
一人さんも言います。
「入れてくれた会社がいい会社。だから、
入ったところで一生懸命やれ」
そうです。落ちたことをグズグズ考えていても
何も始まりません。だから、子どもが
第一希望ではない学校に進むことになったら
言ってあげてくださいね。
「おめでとう。いい学校に入れてよかったね」

夫には「素敵ね」、妻には「きれいだよ」で円満

「うちのダンナは私が髪型を変えても、
新しい服を着ても何も気がつかないの。
いつもブスッとして、いやになっちゃう」
そんなふうに言ってる奥さん、
ご主人のことをほめてますか？
ご主人はあなたにほめてもらえないから
不機嫌なんです。
ためしに言ってみてください。
「お父さんって、いつも素敵」って。
「おまえ、熱があるんじゃないか」なんて
言うかもしれないけれど、
まんざらでもない顔。
そんなことを続けていると、
「その服、似合うね」なんて
ほめてくれるようになります。
「お父さん、素敵」
「お母さんもきれいだよ」
そんなことを言い合えるのって素敵です。

女性は図々しくて可愛いもの

一人さんがこう言ったことがあります。

「女性は『あなたがいないと生きていけない』なんて言いながら夫が死んでも生きていく気充分で、受取人を自分にして、夫を生命保険に入れるんだよ（笑）。こういうところもかわいいと思わなくちゃいけない（笑）」

言われてみれば、確かにそうです。

可愛いくて、図々しいのが女性です。

男性はそれをわかってつきあわなくてはなりません。

だからといって、荷物を隣において電車の座席を2人分占領するとか、図々しいだけのオバサンになってはいけません。

あくまでも〝可愛さ〟を忘れないでくださいね。

トラブルが起きても大丈夫

これでよくなる
だからよくなる
さらによくなる

トラブルが起きたとき、
「どうしよう、どうしよう」と
思っているだけでは
事態は何も改善しません。
こんなとき私は、魔法の言葉、
「これでよくなる、
だからよくなる、
さらによくなる」を10回唱えます。
そうすると、どんな困ったことも、
災い転じて福となす。
この魔法の言葉は一人さんから
教わったのですが、
本当に効きますよ。
ぜひやってみてください。

むずかしい仕事がきたら

ときには「これは自分には無理じゃないかな」と
思うような仕事を頼まれることがあります。
そんなときは、
「これはやりがいがありますね」と言いましょう。
仕事のたいへんさをわかったうえで、
前向きなキラリと光るひと言を言ったら、
頭が切れるうえにファイトがあると思われます。

万一失敗してしまったら

失敗することもあるかもしれません。
でも、失敗を恐れていては進歩がありません。
潔く謝って、次はその失敗を生かせばいいだけ。
必ずあなたのガンバリを見ている人がいます。
いけないのは、失敗したことを隠すこと。
どんどん傷が広がって、
取り返しのつかないことになりかねません。

ライバルが成功したら

ライバルに先を越されたら……。悔しいですよね。
でもそこはグッとこらえて、
「おめでとう」と言いましょう。
自分がやりたい仕事を
ライバルがやることになっても笑顔で
「よかったね」。
その一言が言えたとき、
自分の心の広さにホレボレします（笑）。
自分も人もホレボレするような
カッコいい生き方をしてください。

悪いやつほどよく眠る（笑）

人にいやなことを言われて
悔しくて、悔しくて、
夜、眠れない……なんて
いうことがあります。
でも、一人さんは言います。
「言ったやつは、言った
ことなんて忘れて、
ガーガー高いびきで寝てるよ」。
もちろん、人を傷つけるような
ことを言うのは悪いことですが、
悪いことをした本人は
忘れて寝ているのに、
全然悪くない人が眠れないなんて
おかしいでしょう。
だから、いやなことがあっても
気にしない。「切り替え、切り替え」と
言って、忘れましょう。

失敗を思い出すのは一度だけ

昔の失敗を思い出して、
穴があったら入りたいくらい
恥ずかしくなることはありませんか？

私はあります。

何年も前のことなのに、
思い出すたび顔が赤くなる……。

失敗を分析するのは大事なことです。

「こうやればよかったのかな」

「ああすれば……」と
考えることは大事です。

でもそれは、一度やれば充分。

何度も思い出す必要はありません。

穴に入りたいような気持ちになるということは、それだけあなたは恥を知っているということ。

それだけで立派！

あなたはエライ！

実にエライ!!

勝ったときこそ「みなさんのおかげです」

たとえば野球やサッカーの試合で
勝ったとき、「オレのおかげで
勝ったんだ」という人がいたら
どうですか？
あまり気分よくないですよね。
仕事だって同じです。
たとえあなたがプロジェクトの
リーダーだったとしても、
スタッフの協力があったから
ライバルに勝てたのです。
勝てたのはたくさんの人の
力をもらったからです。
「ありがとうございます。感謝してます。
みなさんのおかげです」
こう言える人は、
神様がもっと素晴らしい成功を
プレゼントしてくれますよ。

「教えてください」と言われたら「いいですよ」

もしあなたが成功したいなら、
つねに会社のために
何ができるのか考えることです。
会社の利益が上がれば
上司や社長が喜びます。
周りからも感謝されます。
あなたが利益を上げる方法を
知っているなら
周りの人に教えてあげましょう。
「教えたら自分の成績が悪くなる」
なんてケチなことを
考えてはいけません。
知恵は出せば出すほどわいてきます。
教えてあげることで、
さらに新しいアイデアを
手にすることができるのです。
「教えてください」と言われたら、
気持ちよく教えてあげてくださいね。

負けたときこそ笑顔

勝負に負けたときこそ、あなたの真価が問われるとき。
ニコッと笑顔で手を差し出し、
「おめでとう。本当に素晴らしかったです」
と言いましょう。
その一言が言えたとき、
あなたは自分の心の広さにホレボレします。
「おめでとう」と言えるまで神様は何回でも
負け続けさせてくれますよ。

仕事を頼まれたら笑顔で「はい！」

ここで一人さんから教わった
だれでも必ず出世する
秘密のテクニックを紹介しましょう。
それは、元気な「はい！」という返事と
ピカリンと光る笑顔です。
それだけ？　そう、これだけです。
もし、あなたが上司や先輩だとして
部下や後輩に仕事を頼んだとき、
不機嫌な顔をされたらどうですか？
あんまり頼みたくなくなりますよね。
でも、笑顔で「はい！」と言われたら、
どんどん頼みたくなってしまうでしょう。
どんどん頼まれて、
どんどんこなしていくうちに、
どんどん実力がついてきます。
そうなったら、
いやでも出世してしまうのです。

仕事が終わったら「ほかに何かありますか？」

言われた仕事が終わったら
あなたが言うセリフはただ一つ。
「あー、疲れた」ではありません。
「疲れた」は地獄言葉。タブーです。
どうせ言うなら「よく働いたなあ」。
自分の仕事が終わっても
まだ就業時間だったら
言うべき言葉はただ一つ、
「ほかに何かありますか？」
これです。

頼まれごとは断らない

仕事は実力を養うチャンス。
だれからも仕事を頼まれず、「ラクでいい」なんて勘違いしていると、
いつまでたっても実力をつけることはできません。
忙しいのは、ありがたいことです。
頼まれたら、どんどん引き受けましょう。
ただし、自分の仕事が山ほどあるのに気軽に引き受けるのは無責任。
「いつまでにやればいいですか？」と確認するのを忘れずに。
断らなくてはいけないのは、
借金の申しこみと保証人のお願いだけです（笑）

ほかになにかありますか？
いつまでにやればいいですか？

鏡で笑顔の練習を

笑顔の練習で欠かせないのは鏡です。
「まるかん」の仕事を始めたとき、
電話に出るときも笑顔を忘れないようにと、
電話の前に鏡を置くように
一人さんから言われました。
一生懸命仕事をしていると
知らず知らずのうちに怖い顔になっていますよね。
そのまま電話に出ると声も怖くなってしまいます。
電話に出るときは、
鏡を見て、笑顔を作り、
「感謝してます！　まるかんです！」。
笑えないときでも、
口角をキュッと上げれば
立派な笑顔になります。
そうすれば心もついてきます。
外を歩いているときも、ウィンドーを見て、
はい、笑顔！
練習していると、笑顔がクセになります。

私は鏡を見るのが大好きです。
職場の机の上にはもちろん、
部屋にも大きな鏡があるし、
ポーチにもバッグにも……。
この前数えたら10枚以上持っていて、
我ながら驚いてしまいました。
でも、鏡ならなんでもいいわけではなくて、
自分がきれいに映る〝美人鏡〟というのがあるんです。
「あ、これ、美人鏡」と思ったら
ついつい買って10枚以上……。
美人鏡だと見るのも楽しいのです。
ぜひお気に入りの鏡を探してくださいね。

「お金がほしい」はお金を逃がす

お金って、とても便利なものです。
お金があるから
物々交換しなくても
ほしいものが手に入るし、
行きたいところにも行けます。
だからといって、
「お金がほしいなあ、ほしいなあ」
なんて言っていませんか？
「お金がほしい」ということは
「お金がない」ということ。
「お金がほしい、お金がほしい」と
言っていると、
〝お金がない状態〟を
引き寄せてしまいます。
せっかくあなたのところに
来てくれたお財布の中にある
お金も逃げ出してしまいます。

払えることに「ありがとう」

「お金がない」という人だって、
実はお金をもっているんです。
だって家賃を払ったり、水道代や電気代を
払ったりしているんですもの。
「払えるだけのお金がある。なんて
ありがたいことか。お金さん、ありがとう」
こう言ってこそ、お金はまた戻ってきてくれるのです。
お金を大事にしてくれる人のところには
きっと仲間を連れてきてくれます。

お金は居心地のいい家が好き

あなたがだれかの家に招かれたとき、
その家がゴミ屋敷みたいだったらどうでしょう？
すぐ帰りたくなりますよね。
反対にすっきり整理されて、居心地のいい空間だったら
ずっといたいし、
友だちも呼びたいなという気持ちになるでしょう。
お金だって同じです。
グチャグチャになったレシートなどと一緒に
押し込まれていたら、すぐ出ていきたくなります。
お財布はすっきり整理して、
お札の向きは、そろえて入れましょう。

財布は赤くても黄色くてもOK！

○色のお財布がいいという話があるようですが、
私を含め、一人さんの弟子でお財布の色にこだわっている
人は一人もいません。
それよりも、自分がワクワクするお財布、
見ているとうれしくなるデザインや色のお財布がいいですよ。
私はキラキラした、明るい色のお財布を持っています。

お金をためる極意は「使わないこと」

一人さんはいつも言います。
「いいかい、はなゑちゃん、
お金をためるのは簡単なんだ。
稼いだ分より使わなければいいんだ。
そうすれば自然にたまっていくよ」
そうなんです。
私が観察したところ
人間にはお金をためるのが好きな人と、
使うのが好きな人がいるんです。
お金がなくなるまで使う人は、
お金ではなく、モノを愛しているのです。
お金がないのにローンでバンバン買う人は
間違いなくモノが好きな人です。
お金が好きな人は、モノを買うより貯金します。
お金は愛してくれる人のところに集まります。
あなたは、お金とモノ、
どちらが好きですか？
どちらでも幸せならいいんですよ。

商売でムダをしてはいけない

私が「まるかん」の仕事を始めるとき
一人さんから「見栄をはって
ムダをしてはいけない」と言われました。
商売をしているとお金はとても大事です。
お金がなくては商品を仕入れることもできないし、
従業員に給料を払うこともできません。
見栄をはってお金を使っていては
いざというとき困ります。
「まるかん」本社だって質素そのものです。
今も事務所の隣に創業当時の部屋が
ありますが、最初は不ぞろいの椅子しか
ありませんでした。
どうしても必要なもの以外買ってはいけない。
商売をするなら、
それぐらいムダをしてはいけない
ということなんです。

●買い物は楽しく！

私はショッピングが大好き！
「しまむら」や「ユニクロ」などに
行くのも楽しいし、
たまに、ブランドものを
買うのも楽しいです。
女性はみんな買い物が大好きなのです。
生活をおびやかさない程度の買い物は、
自分のごほうびだと思って
楽しみましょう。
買い物は最高に楽しいレジャーなのです。
男性も、買い物好きな女性の気持ちを
わかってあげれば、
モテる男になります（笑）。

ツキを呼び込む買い物術

1　必要なものだけ買う

安いと、つい値段に目がくらんで
衝動買いしてしまうことも。
でも、結局使わなければ、
どんなに安くても無駄遣い。
買うときは、本当に必要なものか
よーく考えてから買いましょう。

2　財布とタンスを整理してから買い物に

財布がレシートなどでパンパンだと
お金は居心地が悪いので、出ていこうとします。
着なかった服や靴からも貧乏波動が出て
さらに無駄遣いを引き起こす誘因に。
買い物は財布とタンスを
きれいにしてから行きましょう。
タンスの中にある服と似たような服を
買わなくてすみます。

3　基本的に値段より高く見えるものを買う

私の場合、親しい友だちに値段をあててもらって、
買った値段より高く見えた場合、「ヨッシャー!」と
最高にルンルン気分になります。
買い物はレジャーなのです。

4　明るい色のものを買う

華やかな色、キラキラ光るものは
あなたに幸せを運んできてくれます。
とくにキラキラアクセは地味な服も
引き立たせてくれる大事な小物。
安くて可愛いものを見つけたら買っておきましょう。

5　買ったものはほめてあげる

モノにも魂があります。
「この服、大好き」「お気に入りよ」などと
ほめていると、実際にその服たちを着て出かけたとき
いいことを呼び寄せてくれます。
もちろん、靴もバッグも買ったものはなんでも同じです。

朝起きたら、「今日はいい日だ」

朝起きたら窓を開け、
朝の光を体いっぱいに浴びながら、
「今日はいい日だ」
「今日はいい日だ」と
繰り返しましょう。
言っているうちに
本当にいいことが
起こりそうな気がしてきます。
試験や大事な取引がある日、
「大丈夫かな〜」
「うまくいくかな〜」なんて
思っていると、
自信のない顔になります。
脳は理屈に合わないことが嫌い。
心配していると、それが現実になり、
「いい日だ」「いい日だ」と
言っていると、それが現実になります。

コラム　いい言葉を使うだけで幸せになれる

私が一人さんからいちばんたくさん言われたこと（今も言われていること）は、「いい言葉を使いなよ」ということです。

「言霊《ことだま》」っていいますよね。言葉には、それを口にしたとき現実にする力があるということです。「幸せだ」と言っていれば幸せがどんどんやってくるし、「不幸そうなこと」を言っていると、今の何十倍もの不幸がやってくるというのです。私も世の中を見ていて、まったくその通りだと思いました。ですから、幸せになりたい人は、無理やりでも「幸せ」と言ってください。

「幸せだ」と思っていなくてもいいのです。私たちは、「心で思っていないことを口にしたらいけない」と教わってきているから、「幸せじゃないのに、幸せなんて言えない」と思う人もいるかもしれません。

でも、「自分はついてない」「自分は不幸だ」と思っている人は、永遠に幸せになれないから、「幸せになってから……」なんて言っていると、一生「幸せだ」と言えなくなってしまいます。

今が幸せじゃなくても、とりあえず「幸せ」という言葉を口グセにしましょう。そこからすべてが始まります。そして天国言葉を使って、地獄言葉を使わないこと。

私は今、「天国言葉の会」の会長をしています。「天国言葉の会」が何をするかというと、「愛してます」「ついてる」「うれしい」「楽しい」「感謝してます」「幸せ」「ありがとう」「許します」という、代表的な天国言葉8つを1セットとして、毎日1セットを10回、100日言うという会なんです。

いい言葉を使おうねと言っても、ふだん使っていなければ、なかなか口から出てきません。だから、まず〝いい言葉〟がどんな言葉かを知り、それを口ぐせにしてしまおうというものです。

心で思っていても、思っていなくても、天国言葉を言っていると、自然に笑顔になってきます。だって、しかめ面して「うれしい」「楽しい」と言うのはむずかしいもの。そのうち笑顔もクセになってきます。人相も変わって、気持ちも穏やかになってきます。

一人さんによると、この世の中には〝類友の法則〟というものがあって、似たような人が集まってくるというのです。感じのいい言葉を使って、いつもニコニコしている人の周りには、同じように魅力的で感じのいい人が集まってきます。いつも楽しいことばかり話していて、人に意地悪しようと考えたりしない人たちです。「楽しいね」「おいしいものが食べられて幸せ」などと、自然に天国言葉が出てきます。つまり、幸せになれたということです。

そうなったらもう不幸せになろうと思ってもなれません。

よきことが雪崩のごとく起きてきます。

言葉はとても大事。あなたも今日から天国言葉を使ってくださいね。

第2章　外見を変えて幸せになる

似合わないことは起こらない

毎日を生き生きと過ごしている人は、
キラキラと輝いて幸せそうです。
そう、幸せな人って、輝いています。
お金持ちの人は、なんだか
ピカピカしています。
逆に不幸せな人って、なんとなく
ドヨーンとして暗い雰囲気です。
一人さんは言います。
「はなゑちゃん、人には
似合わないことは起こらないんだよ」
華やかな服を着て、
いつもニコニコしている人に
不幸は似合いませんよね。
だから、幸せになりたかったら
華やかな服を着て、
キラキラ光るアクセサリーを
つけましょう。
幸せへの第一歩です。

男性も華やかに

背広の男性も華やかに装うことはできます。

たとえばネクタイを華やかな柄にしてみたり、シャツをパステルカラーやストライプ柄にするだけでもずいぶん印象は変わります。

プライベートタイムはどんなシャツを着ようと自由!

いきなり全身華やかにするのは恥ずかしいなら、マフラーやスニーカーを赤やターコイズブルーなど鮮やかな色にしてもいいし、インナーのシャツを明るい色にするのもいいでしょう。

そして何より清潔であること。

男性は清潔感がいちばんです!

はなゑのお気に入りキラキラアクセサリー

幸せなお金持ちになりたいなら
忘れてはならないのが
キラキラ光るアクセサリーです。
その昔、王様たちはさまざまな
宝石を身につけていました。
光るものは輝くオーラを表すと
同時に、魔よけにもなるんです。
光りものを身につければ
あなたは福の神。
家族を守るためにもつけてください。
本物じゃなくていいんです。
だいたい2000~3000円で売ってます。
キラキラ光るものは
見ているだけで幸せな気分にしてくれます。
それにアクセサリーは大きめなほうが
大きな幸せがやってきます。
最初は小さくても、
だんだん大きくしていってくださいね。

花は自分のために咲く

花はきれいに咲いて、私たちを楽しませてくれますが、そのために咲いているわけではありません。

きれいに咲いて、いい香りをさせていると蝶々やミツバチたちがやってきて花粉を運んでくれるからです。

私たちも同じ。きれいに装えば周りを楽しくさせることができるし、人が集まってきてくれます。

そうすれば素敵な人と出会うチャンスも成功のきっかけも手に入るのです。

自分の体は神様のお社《やしろ》

鏡を見ると神様が映ります。

え？ 自分が映るだけ？

そう。「カガミ」から「ガ」を抜けば「カミ」。

つまり、自分から「私が」「私が」という「我」をとれば「カミ」になるのです。

ということは、自分の体は神が宿るお社。

お社はきれいにしなくてはなりません。

華やかに飾ってあげてくださいね。

はなゑの
おしゃれポイント①

帽子は必ず

帽子をかぶっただけでおしゃれな感じ。フェミニンな服にキャップを合わせてドレスダウンさせたり、帽子一つで雰囲気を変えることができます。

はなゑの
おしゃれポイント②

アクセサリーの素材を合わせる

指輪は片手にそれぞれ一つ以上、それにイヤリング、ネックレスなどかなりのボリュームでアクセサリーをつけますが、シルバー系、ゴールド系など素材を合わせるとコーディネイトしやすくなります。

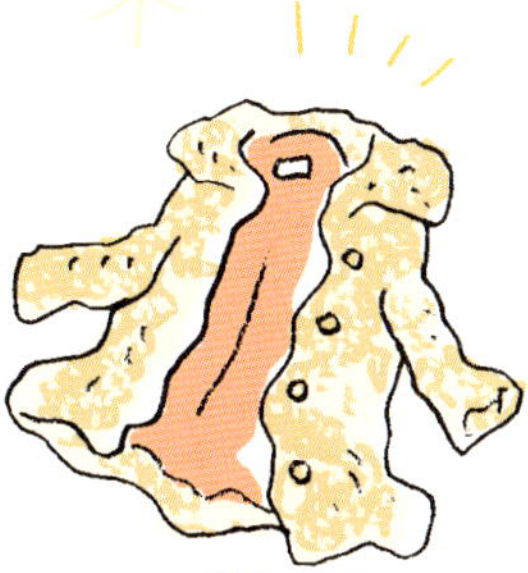

はなゑの
おしゃれポイント③

ディテールに凝る

コートなども胸元や裾にレースがついていたり、茶×白のフェイクファーのコートの裏地がピンクだったり、ディテールが凝ったものは、シンプルなデザイン、ダークな色の服でも可愛い！

はなゑのおしゃれポイント④

足元はブーツ

ワンピースやスカートの丈が短いとき、スパッツを組み合わせてもいいけれど、私はブーツが好き。脚を出す自信はないけど、ミニワンピースにニーハイブーツもお気に入り。

1日2回つやの出るクリームでつや出し

カサカサ潤いのない肌は、
いかにも疲れて見えます。
反対に、ピカピカつややかな肌を
していると、それだけで
元気で、幸せそうに見えます。
そして幸せは、幸せそうな人の
ところにやってきます。

肌につやを出すのは簡単。
つやの出るクリームを塗ればいいんです。
朝、スキンケアのときにたっぷり、
夜も洗顔後の
スキンケアのあとにたっぷりと。
これだけでOKです。

夜、つやのある福顔で寝ると、
寝ている間にいいことを呼び寄せ、
ステキな朝を迎えることができます。

髪にもつやを忘れずに

顔をつやつやにしたら、
髪にもつや出しスプレーなどで
つやを出しましょう。
パサパサ髪は疲れて
見えますが、
髪につやが出ると、
10歳若く見えます。

男性だってクリームでつや出し

男の人、とくにある年齢以上になると
脂ぎっているというイメージがあるけれど、
それは本当にイメージだけのことです。
肌がカサついている男性もけっこう多いし、
脂ぎっているのは鼻のまわりだけで
頬はカサカサという人も多いんです。
疲れてみえる男性は魅力に乏しいもの。
それに油ぎっているのと、つやはちがうんですよ（笑）
男性も洗顔のあとクリームでつやを出しましょう。

幸せをよぶ「つやメイク」

目の周りに明るい色のコンシーラー
目の周りがくすんでいると疲れたイメージに。
明るくキラキラ輝く目元を演出しましょう！
チークは笑ったとき、
高くなる頬の位置に
こめかみから頬にか
けてシャープに入れ
る方法もありますが、
丸く入れたほうが可

せっかくつやの出るクリームをつけても、
ファンデーションを塗ったらつやが消えてしまいます。
かといって、女性たるものノーメイクで外出するのもなんだか……。
そこで私が考えたのが、つやを消さないメイク、「つやメイク」です。
このメイクの特徴はファンデーションは薄く、あくまでナチュラルに。
ポイントにチークを使って自然な立体感を演出します。
そして唇にもつやを。
これでつやメイクの完成です！

●つやメイク7つ道具

リキッドファンデーション

クリームタイプやリキッドタイプのもので、できるだけ薄づきで、つやの出るファンデーションがおすすめです。つやの出るクリームをつけたあと、うすーく顔全体に伸ばします。

コンシーラー

肌の色より少し明るめのものと、濃い目のものを用意します。明るめのものを、ひたい、両まぶた、両目の下、鼻、あごにチョンチョンとおき、伸ばします。濃い目のコンシーラーは輪郭部分において伸ばすと小顔に。

チーク

ニコッと笑ったとき頬がいちばん高くなる位置に入れます。ピンクがかったオレンジ色はだれにでも似合う色。クリームタイプが伸ばしやすくておすすめです。

アイブロウ

自分の描きやすいものでかまいませんが、私はペンシルタイプを使っています。眉を上げたとき凹むところを眉山にして高めに描くと、上品でキリッとした眉になります。

アイライナー

黒のリキッドタイプがおすすめ。まつ毛の間を埋めるようにひきます。そのあと黒かブラウンのアイシャドーでぼかし、自然なラインに。

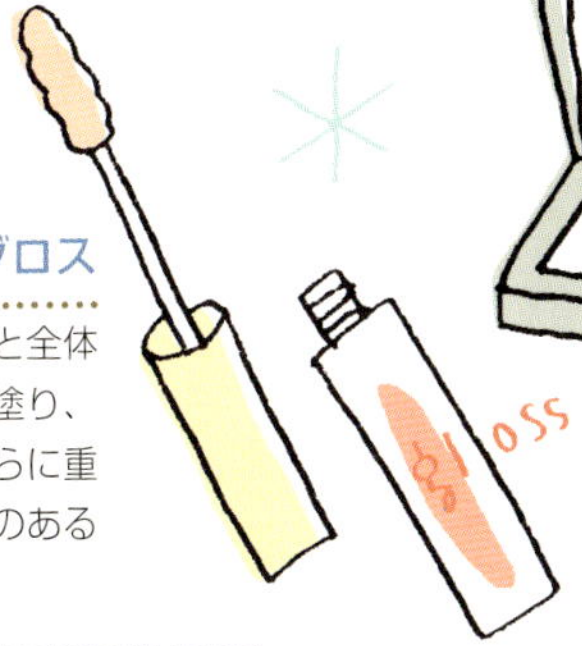

リップグロス

口紅を塗ったあと全体にグロスを薄く塗り、唇の中心だけさらに重ねると、立体感のある唇になります。

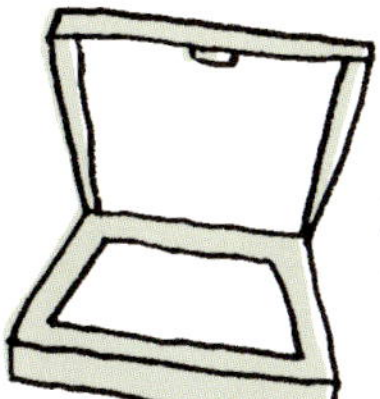

ハイライト

真っ白なものより少しベージュがかったものがおすすめ。Tゾーンとあごにごく薄くつけます。まぶたの上にも入れると、アイシャドーの発色がよくなります。

体の中から若さとキレイをつくる秘訣！

便秘をなくして肌をきれいに

腸は肌の裏返しともいわれます。
腸が汚れているときれいな血液が作れないため肌はくすみますし、
老廃物を出そうと吹き出物もできやすくなります。
腸に老廃物をためないためには
毎日最低1回はお通じがあることが基本です。
腸の調子をよくするためには何よりバランスのいい食事をすること。
腸の調子が悪い人は、
繊維質の多い食べ物などを積極的にとりましょう。
私はサプリメントの助けも借りています。
肌がきれいなら薄化粧で充分！

タンパク質もしっかり食べて

肌や美容にいちばん大切なのがたんぱく質です。
肉、卵、魚などのたんぱく質をしっかり摂ってください。
野菜も大切ですが、野菜に偏りすぎると若さを失います。
何ごとも偏りすぎはよくありません。

お肌と体のために生卵＋酢

一人さんに「毎日できるだけ摂るといいよ」と言われたのは、
生卵1〜2個と、
スプーン1杯のお酢。
卵は、良質なたんぱく質が含まれているだけでなく、ヒヨコが生まれるまでに必要な栄養がすべて含まれている完全栄養食品。
ただし、血液を酸性にしてしまうのでそれを中和するためにスプーン1杯のお酢を混ぜたほうがいいということです。
（※しょう油を少し入れてもおいしいですよ）

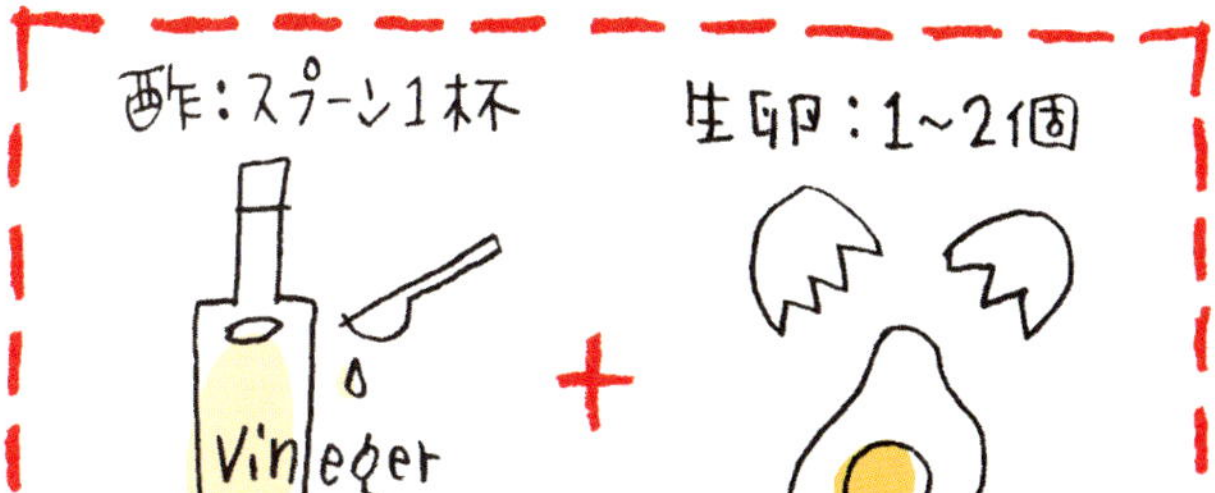
酢：スプーン1杯
生卵：1〜2個
Vinegar
＋お好みでしょう油少々

生卵は完全栄養食品!!
血液を酸性にしないためにお酢!!

生卵に飽きたら、きなこ牛乳

出張が続いて、1週間ぐらい
生卵が食べられないときは
生卵とお酢の効果を痛感します。
食べていないと、頬がゲソッと
こけてきて、なんとなく目元も
たるんでくるんです。
そんなときは1日2個、
1週間ぐらい続けると
張りが戻ってきます。
そうはいっても、
毎日生卵を食べていると
飽きることもあります。
そんなときは、きなこ牛乳。
きなこの原料は大豆だから、
たんぱく質も、女性ホルモンに似た
働きをするという大豆レシチンも豊富。
体にとてもいいんです。

コップに3㎝ぐらいきなこを入れて、
牛乳を加えてよく混ぜます。

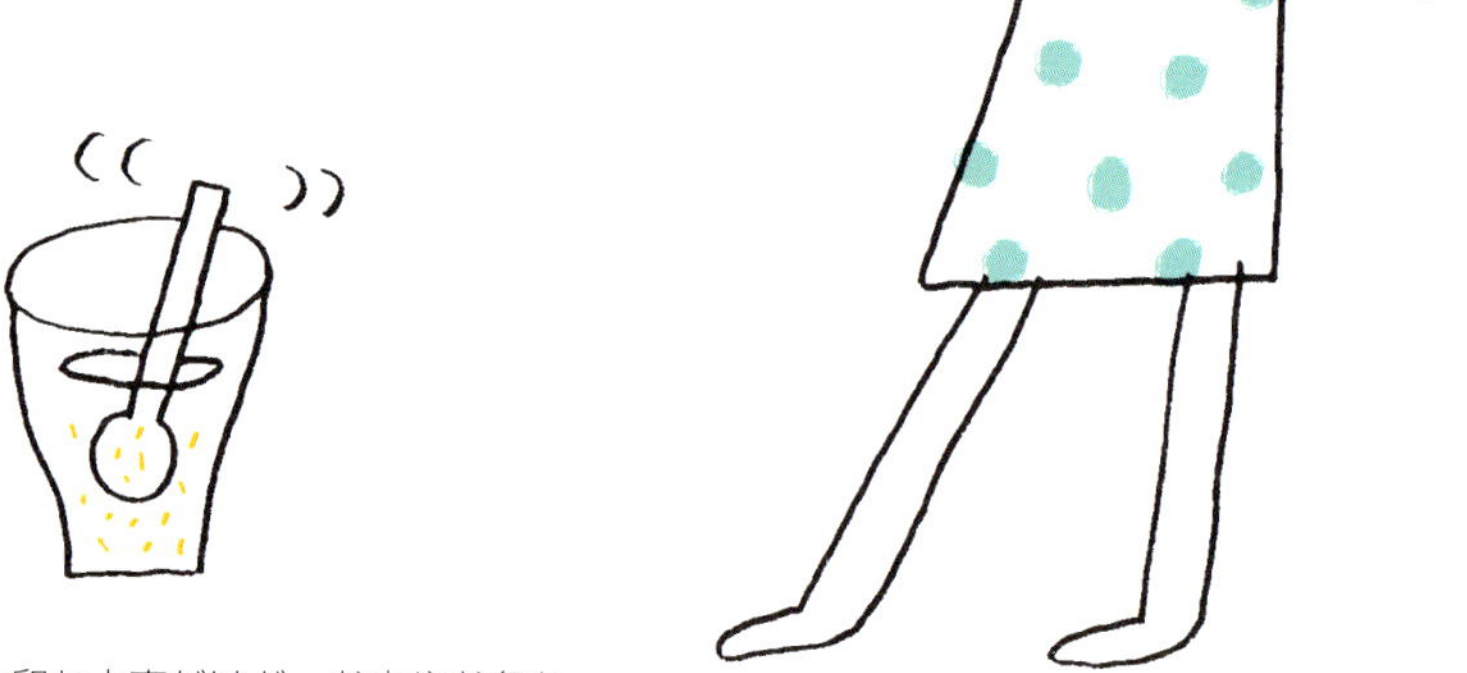

生卵も大事だけど、お肉やお魚も
バランスよく食べてね！

太白《たいはく》ごま油と、天然塩で〝元気〟を補給

ときどき、元気がないのは
〝健康志向の食事〟のせいではないかと
思うことがあります。
たとえば〝薄味〟がいいと
塩を控える傾向がありますよね。
摂り過ぎるとよくないと言われていますが、
塩分は体内のバランスを整える
大切な働きがあります。
塩分が不足すると、思考力が衰えたり、
だるくなったり、体が冷えたりします。
油も同じです。冬になると腕や脚が
白く粉を吹いたようになるのは油不足。
塩も油も質のいいものを
適度に摂ることが大事です。
私は旅先にも太白ごま油を
持っていくようにしていますし、
天然塩はいつも持ち歩いています。

コンビニのサラダも天然塩と太白ごま油でレストランの味！
天然の塩と太白ごま油とお酢をかけて混ぜる。自家製ドレッシングを作るということですが、これがとってもおいしい！

太白ごま油

精製されているので、ふつうのごま油のような匂いがなく、いろいろな料理に使えます。

試してみて！
甘みが出てすごく
おいしくなります！
お味噌汁に太白ごま油、
鍋物に太白ごま油、
アップルジュースに
太白ごま油。

焼き鳥屋さんでは皮や軟骨

私はみんなでワイワイ飲むのが大好き。
焼き鳥屋さんにもよく行きます。
そこでよく頼むのが、皮や軟骨。
これらにはコラーゲンがたっぷり含まれていて
お肌にもいいんです。
アスパラ焼きやしいたけ焼きなど
野菜も忘れずに食べますよ！

体重が増えてきたらたんぱく質

私は、やせるためには、きちんと栄養をとって、
炭水化物の量を減らすことがいちばんだと
考えています。
また、たんぱく質が不足すると
やせにくくなるので、
お肉やお魚、豆などで
たんぱく質はしっかり摂ります。

元気がないときは焼き肉！

「まるかん」の社長の一人、
みっちゃん先生は元気がないとき
一人さんに
「悩みながら肉を食っている人はいない。
似合わないことは起こらないんだから
毎日焼き肉とレバ刺しを
食べなさい」と言われて
食べているうちに元気になったそうです。
落ち込んでいると、
体もパワーダウンしてしまうけれど、
体にパワーをつけると、
気持ちも前向きになってきます。
ため息をついて後ろ向きのことを
考えているぐらいなら焼き肉屋へ！
小さなことでクヨクヨしているのが
バカバカしくなります。
元気が出て、
いいアイデアが浮かぶこともありますよ。

刺激物も元気のもと！

私を含め、「まるかん」の
社長たちは刺激物が大好き。
青唐辛子の太白ごま油炒めは
私の大好物です。
口から火が出そうなくらい
辛くて、体がポッポと
熱くなるけど、
「やるぞー」という気持ちに
なります。
味の好みは人それぞれですけど、
刺激物って、なんだか
元気にしてくれる気がします。

クリームパックと半身浴で疲れた肌と体を癒す

私のいちばんのお気に入りタイムは
バスタイム。ちょっとぬるめのお湯で
半身浴をするのが大好きです。
湯船の中に、お風呂で使う小さな椅子を
しずめて座り、おへその上まで
つかるようにします。
湯船のふたは半分閉めて、本を置く台に。
出たり入ったりを繰り返して、
時間があればあるだけ入っています。
半身浴をするとき必ず行うのが
クリームパック。洗顔のあと
つやの出るクリームをたっぷり塗るのですが、
お風呂の蒸気とクリームで
肌は赤ちゃんのようにプルプル、つやつやに。
疲れてカサついていても、即回復します。
クリームは石けんで洗い流さなくても、
さっとお湯で洗うくらいで大丈夫です。
エステに行ったぐらい効果抜群です！

お風呂の必需品

- お気に入りの入浴剤
- 本や雑誌
- 水分補給をするための
ミネラルウォーター
- 肩が冷える人はタオルを
かけて

湯上りのビールは控えめに

今はこんなにお風呂好きの私ですが、
以前はシャワー派でした。
でも、冷え症を治すなら
絶対湯船につかって
体を温めたほうがいいんです。
あるお医者さんによると、
鬱《うつ》になる人は、シャワーだけで
すませていて、体が冷えている人が
多いのだとか。
湯上り後、せっかく温まった体を
冷やさないようにするのも
冷え症の人の心得。
冷たいビールより温かい飲み物が
おすすめです。
でも、わかっていても湯上りのビールは
おいしいですよね。私もときどきやってます（笑）。
体を冷やさないよう、
飲み過ぎには気をつけましょう。

エクササイズを1日5分

適度な運動は健康の基本です。
以前、私の大好きな歌手であり
女優のジェニファー・ロペスが
毎日90分のエクササイズを
欠かさないと雑誌で読んで、
それまでの生活を猛省し、
運動することにしました。
といっても毎日5分ほどです。
今、私のマイブームは
レッグ・マジックと、
ボートこぎ。
両方とも自宅で体を鍛える
機械なのですが、
以前は道具を使わずに
やっていました。
5分ぐらいと思いますが、
けっこう効きますよ。

腹筋

膝を立て、おなかに手をあてます。その姿勢で腹筋に力を入れ、おなかをのぞきこむように肩甲骨を持ち上げます。1日100回。

背筋

床に四つんばいになって、右手と左足を床に平行にまっすぐ伸ばし、その姿勢で1分。次に左手と右足を伸ばして1分。思いきり伸ばせば伸ばすほど負荷がかかって、背中やお尻に効きます。

ひざ曲げ

足を肩幅ぐらいに開いて、つま先で立ちます。腕を床と平行になるようにまっすぐ伸ばし、バランスをとりながら膝を曲げます。背すじを伸ばして、そのまま1分。けっこう効きます。

コラム

幸せになるためにいちばん大事なことは自分を大事にすること

幸せになるために、いちばん大事なこと。それは自分が機嫌よくなることをたくさんすることです。ご褒美にケーキを食べてもいいし、花が好きな人だったら、いつも花を飾っておくとか、好きな音楽を聴くなど、なんでもいいのです。

おしゃれをしたり、お化粧したり、自分が楽しくなることをたくさんして、自分の機嫌をとってください。そうすれば、だれかが言ったひと言なんて、全然気になりません。天国言葉を言って、鏡を見ながらニッコリ笑えば、幸せバリアが全開です。

幸せバリアが足りないと、ちょっとしたことで落ち込みやすく、なかなか幸せになれません。

自分を大切にして、自分の機嫌をとってください。心も体もタフになります。どんどん幸せになってきます。

自分を大切にしている人は、周りの人からも大切にされます。

たった今、幸せになってください

いつまでもいやなことやいやな人のことを考えているのは、自分を大切にしていない証拠です。でも、人って、何かあると、どうしても悪いほうを考えてしまいがち。だから、面白い映画を見たり、体を動かしたり、自分が好きな方法で気分転換をして、自分のご機嫌をとらなくちゃなりません。

自分のことばかりでいいのか？　自分より他人のことを考えたほうがいいんじゃないかって？

そう思う人に質問です。あなたは自分が不機嫌なとき、人に親切にできますか？人のことを思いやったりできますか？　できないですよね。そう、まず自分が幸せになることが大事なんです。

「自分を愛して、他人を愛します。やさしさと笑顔を絶やさず、人の悪口は決して言いません。長所をほめるように努めます」

一人さんが教えてくれたこの言葉は30ページでも紹介していますが、まず自分を愛するのは、人を幸せにするためにも大事なことなのです。

一人さんは言います。

「いいかい、はなちゃん。幸せは〝なる〟ものじゃなくて、〝気づく〟ものなんだ。朝、目が覚めた、ごはんが食べられる、お風呂に入れる……当たり前と思っていることがどんなに幸せか気づいたとき、その人はもっともっと幸せになれるんだよ」

結婚したら幸せ、お金持ちになったら幸せなど、「こうなったら」「ああなったら」と条件つきで幸せを考えていては、いつまでたっても幸せになれません。

今、幸せになってください。そのためにも、自分のご機嫌をいっぱいいっぱいとってください。もっともっと自分をきれいに可愛く、カッコよくしてあげよう……

そう思うところから幸せへの道は始まります。

第3章　日常生活と考え方をちょっと変えて幸せになる

待っていないで行動する

あなたは今、パスタを食べたいと
思っています。お金も持っているし、
お店も見つけました。
だからといってお店に座っているだけでは
パスタは出てきません。
どんなに強く心の中で念じても、
「パスタをください」と
言わなければ、何も出てきません。
座ってるだけのヘンな客、
と思われるだけです。
幸せになるのもそれと同じです。
天国言葉を使うことも知った、
顔につやを出して、キラキラ光るものを
身につけるといいことも知った。
でも、それを実行しなければ
幸せにはなれません。
人生は行動あるのみです。
まず行動する。それから始めてみてください。

じっとしているのと歩いているの、どっちがラク？

人はじっと立っているときと、歩いているとき、
どちらが安定していると思いますか？
もちろん立っているときだろうって？
そうでしょうか？

小学校の時を思いだしてください。
校長先生のちょっと長い話で
倒れる生徒が何人もいましたよね。
1時間じっと立っているのはつらいけど、
1時間歩くのは、そんなにたいへんじゃありません。
周りの景色を楽しんだり、ぶらぶら歩いていると、
1時間なんてあっという間です。

毎日の生活だって同じです。
やることもなく、じーっとしているより何かをして
いるほうが時間はすぐたつし、しかも充実しています。
だから、とにかく行動してみましょう。
やってみてつらかったらやめればいい。
ただ、それだけのことなんですから。

始まる前から心配しない

始まる前から
「ああなったらどうしよう」

「こうなったらどうしよう」と
心配している人がいます。

そんな人が、私はとても不思議です。

同じ考えるなら、

「ああなったらこうしよう」

「こうなったらそうしよう」、そして、

「ああなったら素敵」

「こうなったらいいなあ」と
考えるほうが楽しいのに……。

「でも絶対心配したとおりになるんだ」

というあなた、
あなたは思ったことを引き寄せる
パワーがすごく強いのです！

だったら、悪いことを考えるのは危険すぎます。

いいことを考えれば、素晴らしい未来になるはずなのに。

どうせなら楽しいことを考えましょう！

心配はよくない波動を引き寄せる

一人さんによると、
人からは一人一人波動が出ているそうです。
その波動に共鳴して、人が集まったり、
ものごとが起きたりするそうです。
だから、心配している人には心配しているようなことが起こり、
「幸せだな」と思っている人には、
「幸せだな」と思えることが起こるのです。
それはそうですよね。
「取引、失敗するんじゃないかなぁ」
なんて、おどおどしながら説明しても
説得力なんかないですもの。
逆に、「絶対成功する！」と口に出して10回言うと
全身から〝成功オーラ〟が発せられ、
自然と自信がみなぎって、結局は成功を引き寄せるのです。
ちょっとむずかしそうだけど、実際にやってみると
意外と簡単なので驚きますよ。

掃除をすると豊かになる

掃除、してますか？
袖《そで》をとおしていない服や
一度も使っていない雑貨が
部屋に散乱していませんか？
必要がないのに買ってしまった
モノからは、貧乏波動が発せられます。
テレビドラマでも
貧乏な人の家はゴチャゴチャ汚いし、
お金持ちの家はすっきりピカピカ。
お金持ちになりたければ、
まず掃除をして、家をすっきりさせましょう。
私もやりました。
そうしたら出てくる、出てくる、服や靴やバッグ……。
こんなに使わないものがたくさんあるなんて……。
モノや服は使われるためにあるのです。
使わないで置きっぱなしは本当にかわいそうですよね。
もし捨てる時には、
「ありがとう」と言って捨てましょう。

部屋の整理は、人生の整理

部屋の中にたくさんある不要なものを
見て見ぬふりをして過ごしているということは、
ほかの「どうにかしなければいけないことにも
見て見ぬふり」をしているということです。
それはたとえば別れたほうがいいパートナーとの
関係だったり、いやいややっている仕事だったり……。
そうしたことが、部屋の掃除をきっかけに
見えてきます。
そして今やるべきことがわかってきます。
私も会社のスタッフに家の掃除をさせました。
そうすると不思議なことに顔が
変わってくるんです。
気持ちが整理され、ものごとを前向きに
考えられるようになるから
顔立ちもすっきりしてくるのです。
そして、みんな声をそろえてこう言います。
「こんなに無駄遣いしていなかったら
お金はもっとたまっていただろうなあ」って。

気持ちが整理されると出費が減る

無駄なものを整理して、部屋がすっきりするとなぜか出費が
減ってきます。今までしょっちゅうケガをしたり、病気をして
治療費がかさんでいたのが、病院に行かなくなったり、
お葬式が減ったり、子どもにお金がかからなくなったり……。
収入は同じでも、出費が減るからお金がたまっていきます。
ピカピカに磨いた窓からは、いい情報も入ってきます。
すっきり片付いた部屋からは豊かな波動も生まれます。
お金をためたかったら、掃除をするに限ります。

悲劇のヒロインに憧れない

あなたはどんな映画や小説が好きですか？
悲劇ものが好きだったら要注意です。
自分を不幸な境遇においてしまう
〝不幸ぐせ〟があるのかもしれません。
どんなにつらい境遇にもじっと耐えて、
いつかは幸せになる姿に自分を
重ねているのかもしれませんが、
幸せになれるのは映画や小説だから。
幸せは苦労して手に入れるものではありません。
むしろ苦労をしたら幸せにはなれないのです。
もし、つらい状況に陥ってしまったら
なんとしてでも、そこから抜け出す
方法を考えなくてはなりません。
「今が幸せ」と思える人だけが幸せになれるのです。
鬼のような姑や夫（妻）が心を
入れ替えるのは絵本の中だけです。
あなたはいつもハッピーエンドの
人生を選んでください。

どうせ見るならスカッとする映画

私はスカッとする映画や小説が大好きです。
今はまっているのは、ビヨンセや
ブリトニー・スピアーズの
ライブビデオです。
歌はもちろん好きですが、
私を圧倒するのは彼女たちの迫力あるボディ。
スリムなボディだけが美しい
わけじゃないと、しみじみ思います。
『インディ・ジョーンズ』のシリーズは
文句なくスカッとします。
『ダイ・ハード』も窮地に立たされているときでも
ジョークを言ったりしてユーモアのあるところが好き。
『セックス・アンド・ザ・シティ』、これは
ファッションチェックが楽しい作品。
ストーリーも笑えるけど、女の友情もマル。
とにかくみんなのファッションが最高にワクワクします。
見ていると、好きな服を着ない人生が
もったいないと感じます。

一人さんと同じセリフがここに

オードリー・ヘップバーンの
『麗しのサブリナ』も好きです。
サブリナのお父さんはお金持ちの家の
運転手さんですが、その家の長男ハンフリー・
ボガードは仕事しか興味がない仕事人間。
でも、「なぜそんなに仕事ばかりするの?」と
聞かれて、彼はこう答えるんです。
「僕が仕事をすると貧しい人に
働く場所ができて豊かになる」。
たくさん儲けて、たくさん税金を払うとその税金
で学校が建てられたり、道路ができるから。
これは、一人さんの考えと同じです。

仕事は全力で

入れてくれた会社がいい会社

就職難と言われています。
それでも求人誌は出ているし、
新聞にだって求人欄が……。
世の中、人を求めているところは
たくさんあるのです。
就職先がないと言っているのは、
希望の会社が入れてくれないだけでは
ありませんか？
でも、働けるところがあれば、それで充分。
入れてくれる会社があれば、
あなたにとって、そこがいちばんいい会社なのです。
一生懸命会社のために働いてくれる人を求めている
会社はたくさんあります。

生きがいは今の仕事で見つける

「好きな仕事をしたい」と言う人がいます。
「何をしたいのかわからない」と言う人もいます。
社会に出る前に、知っている仕事なんかほんのわずか。
やりたいことがわかっている人もほんのわずかです。
でも、ご心配なく。仕事はあなたを呼んでくれます。
その仕事を一生懸命やれば、
その仕事があなたの生きがいになります。

世の中のために仕事をしよう

あなたが皿洗いを頼まれたとします。
「こんなにたくさん、いやだなあ」と思いながら
洗っていると楽しくないですよね。
でも、「どういう洗い方をするときれいになるだろう」
「きれいなお皿で食べてもらいたい」と、
使命を感じていろいろ工夫をすると、仕事が楽しくなります。
どんなシミでも落としてみせようと、シミ抜きのカリスマになった人だっています。
世の中や人のことを考えながら仕事をすれば、今の仕事が輝いてみえますよ。
そして、あなた自身が輝きだします。

鈴木の滝に打たれよう

上司に目の敵にされていると、会社に行くのがつらいですよね。

「○○、ちょっと来い」なんて言われるたびに憂鬱になります。

自分に悪いところがあった場合は素直に反省しなければなりませんが、理不尽な八つ当たりをしたり、威張り散らす上司がいます。

困ったものですが、こういう人こそかっこうの修行相手です。

呼ばれたら「鈴木（上司が鈴木だったら）の滝に打たれに行く」と思いましょう。

修験者は修行をするためにわざわざ険しい山道を登って、滝に打たれに行きますが、山に行かなくても修行ができるあなたは、ついてる！

よい修行ができますよ。

まともに浴びるからつらいのです

修験者は滝に打たれるとき裸になるか、薄くて白い衣をまとうだけです。

身を切られるほど冷たい、ザアザアと降りかかる滝の中で己を無にして悟りを開くといいます。

でも、鈴木の滝の場合、無防備ではいけません。

理不尽な鈴木の滝に無防備で打たれたら、身も心もボロボロになってしまいます。

鈴木の滝に打たれに行くときは、ウエットスーツを着、傘をさし、重装備でいきましょう。

理不尽な小言は聞き流し、天国言葉を唱えたり、休みの日の楽しい計画でも考えればいいのです。

まともに浴びてはダメですよ。

会社から惜しまれてやめる人が成功する

会社がイヤでやめるという人がよくいます。

でも、惜しまれてやめなければ、転職しても独立しても、うまくいきません。

一人さんは、若い人から相談を受けると、よくこういうことを言います。

「まずは3カ月だけ一生懸命働いて惜しまれてやめな。そうすれば何をやっても成功するし、今の会社にいても展開が全然変わってくる。まずは3カ月やってみな」

私もそう思います。一人さんの弟子たちは全員（私を含め）惜しまれて会社をやめました。

ときには言い返すことも必要

いじめられたり、あまりに理不尽なことを言われたときはしっかり言い返す勇気をもつことも大切です。

いじめる人は、自分より弱い相手だと思ったらとことん優位に立とうとします。

だから、理不尽だなと思ったら、はっきり言い返しましょう。

いじめている人も、本当はどこかでやめたいと思っているのです。

頑張らずに「顔晴《がんば》る」

「頑張る」って眉間にシワを寄せて
つらいことをしている印象がありませんか?
一人さんによると、眉間にシワを寄せて
いいことは何もないそうです。
眉間には3つ目の〝目〟があって、
これは目に見えないものを見る目だそうです。
急にアイデアがひらめいたり、
奥さんがダンナの浮気を見破ったり、
〝第六感〟が働くことがありますよね。
これは第三の目が働いているからです。
眉間にシワを寄せて仕事をしても
うまくいかないのは、
この目が閉じているからだそうです。
だから仕事をするときは、眉と眉の間を
グーッと開いて晴れ晴れとした顔で。
そう。「頑張る」のではなくて「顔晴る」。
仕事をするときは笑顔で、というのは
こういうワケもあるのです。

苦しいときでも、顔晴って笑顔

いやみな上司やむずかしい仕事……
神様はこのようなものを用意して、
私たちの人生を盛り上げようとしてくれます。
サッカーだって、だれもいない
ゴールに蹴り込んでも面白くないですよね。
敵が多ければ多いほど、
相手のテクニックがすぐれていればいるほど
ゲームは盛りあがります。
強敵相手に互角か、こちらが有利に
展開できれば、これほど面白いことは
ないですよね。
けれど、「全然勝てそうもない」というときも
残念ながらあります。
そんなときどうすればいいかというと、
やっぱり笑顔です。
無理やり笑う、ひきつっても天国言葉を言う。
そこにしか突破口はありません。
だから、顔晴りましょう！

疲れたら感じのいい旅館に泊まる

講演や観音参りで
ほとんど日本全国の宿に
泊まりました。
そんな私たちが思うのは、
疲れたときは絶対感じのいい宿に
泊まりたいということです。
宿に着くと、輝くような笑顔で迎えてくれ、
館内は廊下も柱もピカピカに磨きあげられ、
とても繁盛して、忙しそうなのに
何かお願いしても
「かしこまりました」と
笑顔で答えてくれます。
おもてなしの心で満ちているから
お風呂だって、お料理だって大満足。
疲れたときは感じのいい宿で
ゆっくりしてみてはどうでしょうか？
予約の電話を入れたときの応対で
だいたいわかりますよ。

感じのいい宿は天国言葉であふれている

感じのいい宿が私たちを
癒してくれるのは、
なんといっても
天国言葉に満ちているから。
「忙しそうですね」と言えば
「おかげさまで。みなさんのおかげで」
などという答えが返ってきて、決して
「そうなんです。いやになっちゃう」
という地獄言葉を聞くことはありません。
シーズンオフに行っても、
「今がいちばん静かでいいときですよ」
と地元のいいところを
あれこれ教えてくれ、
決して
「こんなときに来ても見るものは
何もないよ」などとは言いません。
感じのいい宿は天国言葉で
幸せの波動を与えてくれます。

おかげさまで…
このへんは本当にいいところで…
楽しく仕事しています。

人の欠点を100個探すより、自分の欠点を一つなくす

人の言動を見聞きして、
「あんな言い方をしなくても
いいのに。あれじゃあ、
言われたほうは傷つくだろうなあ」
と思うことがあります。
でもそれはもしかして、
神様が人を介してあなたの欠点を
見せてくれたのかもしれません。
人のことはよく見えるのに、
案外自分のことって
わかっていないものです。
人の欠点を100個見つけても
いいことは何もありません。
人の欠点を見つけるより、
自分の欠点を一つ直す。
このほうがみんなに喜ばれます。
人の悪いところを見つけるより
いいところを見つける。これでいきましょう!

いいとこ探しでいつもハッピー

自分の欠点を直すといっても、いつもいつも自分の欠点を探せということではないですよ。自分の欠点を探してばかりいたら自分が嫌いになっちゃいますもの。「あ、いけない」と気づいたら直せばいいだけ。自分だって欠点よりも長所を見つけたほうがいいのです。「胴が長いから座ったとき立派に見える」「小学校のとき、先生の横に立たされていたから、今では人前で話をしてもあがらない」一人さんはよくこう言います。こんなふうに自分のいいとこが探せれば楽しいですよね。一人さんを見習いましょう！

公園ではゴミを見るより花を見る

同じ公園を歩いていて、落ちているゴミを見ては文句ばかり言っている人と、花や木を見て、楽しく過ごしている人と、どちらが幸せでしょうか？ものごとにはいい面も悪い面もあります。だったら、いい面を見たほうがいいですよね。人生もゴミより花を見ると楽しいですよ。

正しいことより楽しいことを

真面目な人が陥りがちな考え方に
「正しいことをしなければならない」
ということがあります。
何が悪いんだって？
そう。正しいことは悪いことではありません。
ただ、正しいことは一つではないのです。
キリスト教徒にとっては
キリスト教が正しいし、
イスラム教徒にとっては
イスラム教が正しい。
どちらも間違ってはいません。
その人が正しいと思っていることでも、
ほかの人には正しくないと思われる
ことがあるのです。
だったら、楽しいことを選びましょう。
こっちのやり方と、あっちのやり方と
どっちが楽しいか。
ほら、人生が楽しくなりますよ。

「……しなければならない」ではなく、「これをしたら楽しい」に

「……しなければならない」と思ったとたん、
つらく苦しいことになってしまいます。
つらく苦しい思いをしながら幸せになることは
できません。幸せになるためには、
いつも楽しくいること。
仕事も、楽しくなる方法を工夫しながらやりましょう。

間違い
正しい
はっきり決めなくちゃいけないの？

グレーゾーンをたくさんもとう

白黒をはっきりつけたがる人がいます。
右か左か、あなたか私か。
でも、世の中はパンダのように白黒
はっきり分けられるものばかり
ではありません。
むしろこの人の言うこともわかるし、
あの人の言うこともわかる。
こっちもいいけど、あっちも好き、
という場合がほとんどです。
好きか嫌いかなんてはっきり
分けても意味はありません。
好きなところもあるし、
嫌いなところもあるのが当たり前。
特別好きじゃなくても
つきあっているうちに
いいところが見えてくることもあります。
無理して白黒分けたりせず、
グレーゾーンが多いほうが人生、楽しいですよ。

人に会ったら必ず一つほめる

ほめられるとうれしいですよね。
いちばん簡単に人も自分も
幸せになる方法はほめることです。
喜んでもらえるし、喜ばれると
私もうれしい。
だから、人に会ったら必ず一つ
ほめてみましょう。
初めはむずかしいかもしれません。
でも、それは慣れていないだけです。
「きれいな色の服ですね」でもいいし、
「かわいいバッグですね」「素敵な時計ですね」
なんでもいいんです。ほめると決めたら、
一生懸命相手のいいところを探します。
いいところを見つけるクセがついて
あなたの周りにハッピーオーラが
発せられるようになります。
上司だけほめるとゴマすりになりますから、
みんなをほめてくださいね。

みっちゃん先生は幸せを振りまくティンカーベル

一人さんの弟子の中で
ほめる名人は、みっちゃん先生です。
いつでも、どこでも、だれにでも
「いい笑顔ですね」とほめるのです。
あるとき喫茶店に入ると、
ニコニコ素晴らしい笑顔の
ウエートレスさんが
「みっちゃん先生ですね。
私、以前、笑顔をほめて
もらったんです。それがうれしくて」
と言うのです。
それで私たちも思い出しました。
3年ほど前、すごい仏頂面のウエートレスさんに
みっちゃん先生が、
「いい笑顔ですね」とほめたときのことを。
人の心にぽっと明るい灯をともす。
みっちゃん先生はティンカーベルの
ように幸せの粉を撒《ま》いているのです。

「いい笑顔ですね」とほめるのは……

でも不思議ですよね。みっちゃん先生は笑顔じゃない
人にも「いい笑顔ですね」とほめるのです。
そのワケを聞くと、
「だれだって素敵な笑顔を持っている。
私たちに笑顔を見せないのは、その人が
笑顔の出し方を間違えているか、忘れているだけ。
思い出せば、だれだって素敵な笑顔を持っているのよ」
「いい笑顔ですね」……あなたも言ってみませんか?

人に親切にして、すっきり生きる

電車に乗っていて、お年寄りが
私が座っている前に立ったら、
私は「どうぞ」と席を譲ります。
こういうと、「偉いね」と言われますが、
違うんです。
たとえばお年寄りが大きな荷物を持って
駅の階段を上っているのを見て、
手伝ってあげようかなと思いつつ
声をかける勇気がなくて、
何もしなかったとき、
「声をかければよかった」
「手伝ってあげればよかった」など
1日モヤモヤした気分で過ごすでしょう。
「ダメな私」と思ったら笑顔も作れません。
人に親切にすると幸せな気持ちになります。

「人に親切にしよう」と言うだけでもOK

とはいえ、なかなか声をかけづらいという人もいるでしょう。

私はもう慣れてしまったけれど、慣れるまでは、かなり勇気も必要とします。


「むずかしいな」と感じたら、まず「今日1日人に親切にしよう」と1日10回言ってみましょう。

言うだけでOKです。

脳は理屈に合わないことが嫌いです。

言っているうちに親切をしたくなってきます。

そのうち「親切にする人」の波動が出て、どんどん幸せを引き寄せるようになります。

言うだけでいいんです。

簡単でしょう。

「親切にするのはむずかしいな」と思っている人、ぜひ始めてみてください。

親切にすると自分が好きになる

もし、自分のことがあまり好きじゃないという人がいたら、ぜひ人に親切にしてみてください（最初は言葉だけでもOK）。

少しずつ自分が好きになれますよ。

嫌いな人とはつきあわなくていい

だれとでも仲良くしたほうがいい。
それはそうです。
でも、世の中にはイヤなヤツもいるし、
嫌いな人もいると思います。
そういう人と無理に
つきあう必要はありません。
たとえ親やきょうだい、親戚だとしてもです。
我慢して我慢して、
ある日爆発。
殺人事件にだってなりかねません。
もし、あなたの周りの人が
人の悪口など地獄言葉ばかり
使うようだったら、そういう人たちとも
つきあわなくていいのです。
類は友を呼ぶ。
あなたが天国言葉を使っていれば
同じように天国言葉を使う人が
あなたの周りに集まってきます。

悪口を聞いたら笑って答えない

もし、だれかの悪口を言っている人から
同意を求められたら、笑って答えないのがいちばん。
だいたい人の悪口を言っているような人は
あなたがいないときは、あなたの悪口を言っています。
それに暇《ひま》なのです。忙しくしていれば人のことを
気にする暇はありません。
悪口を言うより楽しく仕事！　です。

苦手なことはしなくていい

英語ができない、運動神経が鈍いと
悩んでいる人がいます。
でも、今、英語は必要ですか？
仕事に運動神経は必要とされていますか？
必要でないなら悩む必要はありません。
一人さんは言います。
「できないことは、自分にとって
必要のないこと。必要なときがきたら
できるようになる」
一人さんも私も英語が苦手ですが、
幸い「銀座まるかん」は
世界進出する予定がないので、
英語ができなくても全然困りません。
もし、英語が必要になったら、
英語の歌がなんとなく好きになったり
英語が耳に入ってくるようになって
自然にマスターできるのだそうです。
無駄なことで悩むのはやめましょうね。

会社に必要なことをやっていますか？

仕事には必要ないのに、英語やいろいろなことを
将来のためと習っている人がいますが、
今あなたがやるべきことは、会社のために働くこと。
会社の利益にならないことをしても、
豊かにはなりません。
お給料をもらっている
会社のために働きましょう。
この話、なぜか本当です。

別れたら次の人

以前、『別れても好きな人』という歌がはやりました。

でも、もしあなたがふられたとして、昔の男にいつまでも未練を残していては幸せになれません。

「縁がなかったのね」と思い、新しい縁を待ちましょう。

別れたら次の人。

幸せになるためにはこの精神を忘れてはいけません。

「私のどこがいけなかったのかしら」「あのときこうすればよかったのかしら」などとグズグズ考える必要はありません。

あなたのやるべきことはただ2つ。

天国言葉と笑顔です。

だれにでも笑顔をふりまき、天国言葉で話す感じのいい子がいつまでも放っておかれるはずがありません。

「あのとき別れなければ」と思っても……

すでに結婚しているのに、「あのときあの人と結婚していれば……」など、別れた人のことを考える人もいるようです。

でも、うまくいかなかったから別れたんですよね。

そういう人と結婚しても、うまくいきません。

脳は過去を美化する性質があるようです。

冷静に別れた理由を思い出してください。

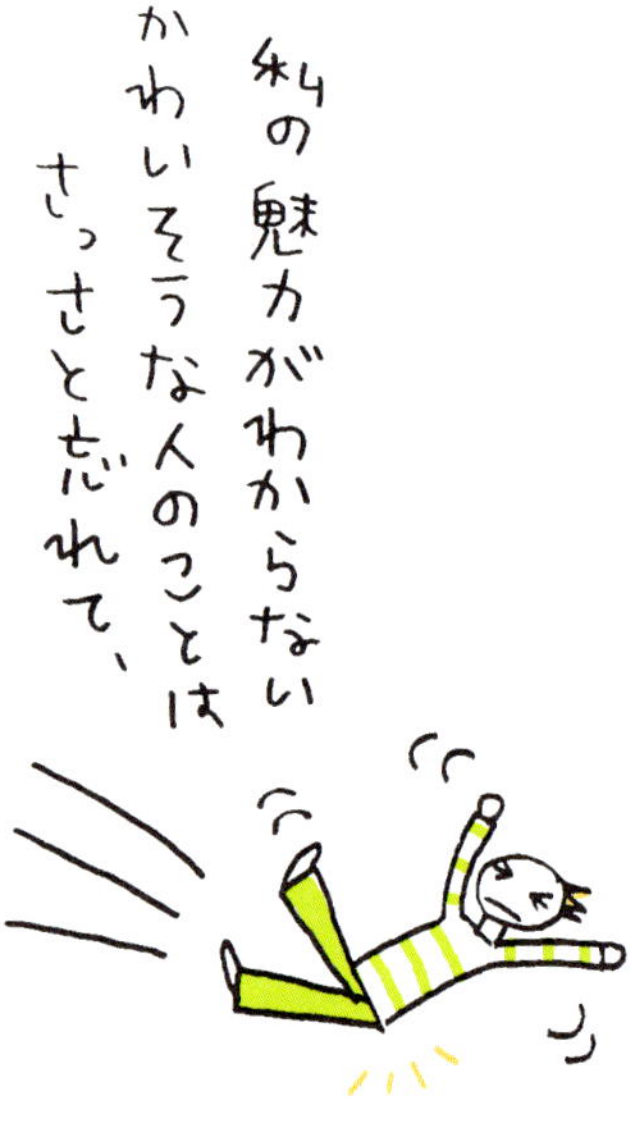
私の魅力がわからない
かわいそうな人のことは
さっさと忘れて、

男運が悪いのは分析不足なだけ

暴力をふるったり、借金があったり、つきあう人はいつもろくでもない男ばかり。そんな人がいます。そうなるのは、神様が「こんな男とつきあうと、こういうことになるよ」と教えてくれているのに、経験から何も学ばないからです。別れたとき、どういうところがいやだったのか、ちゃんと分析しておきましょう。そうしないと、もっとひどい男にひっかかってしまうかもしれません。

あの人とは
ああいうところが
合わなかったんだ！
分析中…

最初にきちんと言っておこう

暴力をふるう人とは決してつきあってはいけません。つきあい始めたとき、「私は暴力をふるう人とは絶対につきあわないの」と宣言しましょう。こうすれば、暴力をふるうクセのある人もかなり抑えられます。

それでも暴力をふるわれたら、即お別れ。間違っても、相手の乱暴でグチャグチャになった部屋を片づけてはいけません。自分でやったことは、自分で片をつけさせて。

次へ行こう!!

みんなバランスがとれている

いじわるをするお姑さんのことを
グチグチぐちる人がいます。
片方はいじわる、片方はぐち。
だからバランスがとれているのです。
お姑さんにいじわるをやめてほしかったら、
このバランスをくずすことです。
ぞうきんの絞り方に文句を言われたら、
「こんなぞうきんの絞り方があるなんて
知りませんでした！　お義母さん、すごい！」
料理の味つけにケチをつけられたら、
「お義母さん、お料理じょうずですもんね。
明日から食事の支度は全部お任せしようかな」
ニコニコ笑って、こう言えばいいんです。
もちろんやってもらったときは、
「ありがとうございます。本当に助かります」
人を変えようと思ってはいけません。
自分が変わると人も変わります。
バランスをとらなくてはなりませんから。

我慢するより行動

どんなにつらい目にあっても、
子どものために、「私さえ我慢すれば」と
耐え忍んでいる不幸な人がいます。
けれど、足し算を知らないお母さんが
子どもに足し算を教えられないように、
本人が幸せでなくては、
子どもに幸せを教えることはできません。
幸せになるためには「安定より行動」。
行動することです。
夫に言われるがままになっているなら
言い返しましょう。
夫は何を言ってもあなたは出ていかないと
思っているから言うのです。
ときには離婚届を用意して
「別れてください」と言ってみてください。
たいていの夫は、今まで言いなりになっていた
妻がいきなり「離婚してくれ」と言ったら
「許してくれ」と言います。

1人で幸せだったら、2人でもっと幸せ

「結婚したら幸せになれる」と
思っている人はいませんか?
そう思っているということは、
今は幸せではないということですよね。
そういう人は結婚しても幸せになれません。
幸せは、人に与えてもらうものでは
ありません。
自分で「なる」ものなんです。
だって、あなたは今でも
とても幸せなんだもの。
それに気がつかないうちは、
どんな相手が現れても幸せにはなれません。
まず今の幸せを数えてみましょう。
「健康で幸せ」
「おいしいケーキが食べられて幸せ」
「いい友だちに恵まれて幸せ」
と言っていると、同じように幸せな人が現れて
2人で2倍幸せになれます。

結婚しなくても幸せ！

今はライフスタイルもさまざまです。
〝適齢期〟なんていう言葉も
死語になりつつあって、
40代、50代になって結婚する人もいるし、
結婚しない人だって珍しくありません。
それでもやっぱり親に言われたり、
周りが結婚していくと、焦ったり……。
でも、一人暮らしは気ままでいいですよ。
湯上りにタオル1枚でも平気だし、
ビール片手にビヨンセのDVDを見て
「ウーン、やっぱりカッコいい！」なんて。
そんな1人の時間が私は大好きです。
結婚しない息子や娘がいても、
「みんな元気で幸せ」と思いましょう。
素敵なパートナーは、
今が幸せな人のところに現れます。

「さみしい」と言っていると、さみしい人がやってくる

さみしいから恋人がほしい、結婚したいなどと
思っている人がいますよね。
でも、類は友を呼ぶ。
さみしい人のところには、さみしい人がやってきます。
それにあんまり「さみしい、さみしい」と言っていると、
「さみしいから、だれでもいいから一緒にいて」という
気持ちになってしまいます。
それはとても危険ですよ。

世間の目が気になったら、大きな声で「仁義」を

“世間の目”を気にしていませんか？
「こんなことをしたら世間から
なんて思われるかわからない」
「こんな恰好をしていたら
なんて言われるかわからない」
何かするたびに、そんなことを
考えるようなら「仁義」の詩を
大きな声で言ってください。
これは一人さんが作った
みんなへの応援歌。
大きな声で言うと、
すっきりした気分になります。
あなたの人生はだれのものでもない
あなたのものです。
世間のものではありません。
やりたいことに立ち向かう勇気が
なかったり、気分が落ち込んだときは
ぜひ大声で言ってみてください。

「仁義」
たった一度の人生を
世間の顔色うかがって
やりたいこともやらないで
死んでいく身の口惜《くちお》しさ
どうせもらった命なら
ひと花咲かせて散っていく
桜の花のいさぎよさ
一度散っても翌年《よくとし》に
みごとに咲いて満開の
花の命の素晴らしさ
ひと花どころか百花《ひゃくはな》も
咲いて咲いて咲きまくる
上で見ている神様よ
私のみごとな生きざまを
すみからすみまでごらんあれ
以上

いくつになってもミニスカート

「ピンクの服を着たいけど、
ミニスカートをはきたいけれど、
この年ではいたら笑われそう」
なんて言っている人、
ピンクの服もミニスカートも
どんどん着てください。
ピンクの服を着てニコニコしていたら
幸せそうです。
幸せそうにしていると幸せになるんです。
それに世間の人だって
華やかな服は大好きです。
一人さんの弟子の一人、宮本真由美社長が
大きなイチゴプリントの服に
両手にこれでもかというくらい大きな
指輪をはめていたことがありました。
それを見ておばさまたちは「まあ、かわいい！」。
好きな服を着る勇気をもちましょう。
ちょっとした冒険心があなたの人生を良い方向に変えますよ。

自然からパワーをもらおう

なんだか気持ちがシュンとしている、
シャキッとしないなと感じたとき、
私は樹齢何百年もたっているような
木のところに行って抱きつきます。
手で触れるだけでもいいです。
「気持ちいい、きれい、ありがとう」
などと言いながら
幹に抱かれていると、
体中にエネルギーが満ちてくるのです。
元気がないとき神社によく行くのは、
神社には、そんな大木があるからです。
朝日や夕日を見るのもおすすめです。
昇っていく太陽や、沈みゆく夕日を
見ていると、心が穏やかになります。
疲れて帰ってきたときは、
部屋の窓を開けて星や月を見ます。
キラキラまたたく星を見ていると、
しみじみ幸せを感じます。

背すじを伸ばして、太陽の光を浴びよう

歩くときは、顔を上に向けましょう。
下を向いて歩いているのは
いかにも自信なさそうですし、
幸せそうではありません。
でも、上を向いて光を浴びると、
顔がキラキラ輝いて幸せそうです。
そして歩くときは憧れの人をイメージして。
私がイメージするのは
オードリー・ヘップバーンが演じた
『ローマの休日』のアン王女。
すっと背すじを伸ばして歩く様は
本当に優雅です。
イメージするだけで仕草一つ一つも
なんとなく優雅になるようです。
だれをイメージしてもかまいません。
自分がなりたい人を思い描いて
歩いてください。
見える景色も変わってきますよ。

人のためだからがんばれる

太宰治の『走れメロス』を
読んだことがありますか？
暴君暗殺を計画したメロスは
とらえられて処刑されることになりますが、
妹の結婚式に出るために、
友人を身代りに3日間だけ
猶予をもらいます。
途中、王の妨害などに遭いながら、
約束を守ったメロス。
友だちのためだからがんばれたのです。
私たちだって同じです。
「子どものため！」と思えば
力がわきますよね。
自分のお給料のためと思うと
力が入らないけれど、
「これで世の中の人が助かる」と思えば
徹夜もつらくありません。
人のために働きましょう！

人のためにやると成功する

「僕はだれもが健康で、明るく楽しく暮らせる街を作るのが夢なんだ」

こんなふうに夢を語る人がいたら、応援したくなりますよね。一緒にやりたいという人も出てくるでしょう。

人の役に立つ夢には協力者がたくさん出てきます。だから、実現する可能性が高いのです。

反対に、自分のお金儲けだけを考えている人に協力したいという人はあまりいないでしょう。

夢を実現させたかったら、人のためになることを考えましょう。

何かあったら一歩前

「真剣勝負で『斬られる！』と思ったとき、
ただ一つ生き残れる方法があるんだ。
それは一歩前に出て、相手の懐《ふところ》に
飛び込むこと。
すると、相手は刀が抜けなくなる。
なんでも同じだよ。
何かあったら一歩前なんだ」
私が一人さんから聞いた話の中でも
大好きな話です。
助かるチャンスがあるのは、
前に出たときだけです。
勇気をもって踏みだす。
カッコいいじゃないですか。
言葉を変えるのも一歩前、
なんでも「ついてる」と思うことも一歩前、
「感謝してます」というのも一歩前です。
一歩前に出て形勢逆転をねらいましょう。

〃ま坂〃に気をつける

恋愛でも仕事でも絶好調で進んでいる時、思わぬ落とし穴にはまることがあります。

これは一人さん言うところの「マサカ」という坂。

「マサカ」だと気づいたら、

「こんなことがあるとわかってよかった。いい勉強をさせてもらった」と、思いましょう。

ここで地獄言葉を言うと、「マサカ」の坂をゴロゴロ転がり落ちてしまいます。

これもいい勉強!!

やることをやったらあとは神様にお任せ!
非常用

備えを万全にしたら心配しない

私は心配症ではありませんが、備えはします。

地震のときに備えて多少の備蓄とスタッフの連絡網も作ってあります。

やることをやったらあとは心配しません。

問題は備えをしないで心配ばかりしていること。

仕事だってそうです。

考えられるあらゆることをしたら、あとは神様に任せればいいのです。

ピンチはチャンス。困ったことは起こらない

お父さんがやっていた小さな本屋さんを継いだとたん、近所に大きな書店ができてしまった。あれこれ工夫していたら、いつの間にか大成功してしまった、という話が、ある本に書いてありました。

実は大型書店を出店させたのは福の神。

その人が一生懸命考えて成功するように出店させたというのです。

人生って、なんでもそうなんです。

「どうして?」と思うようなできごとも困ったと思えることが起きるのは、その人が成長するために必要なこと。

神様が何かを気づかせようとしているのです。

だから、世の中に困ったことはありません。

神様は乗り越えられない試練は与えません。

どんな試練も知恵を働かせれば必ず乗り越えられます。

ピンチはチャンスなのです。

おみくじは大吉が出たらもうひかない

おみくじをひいて

「凶」だったら落ち込みますよね。

そういうとき私たちは

「こんなにうまくいっているときに

『凶』なんだから、もっと良くなっちゃうんだね」

と言って、「凶」のおみくじは神社のご神木に結びます。

そして、次にお参りに行ったら、

またおみくじをひきます。

そうやって「大吉」が出るまでひき続けます。

おみくじをひくのは1年に1回という

決まりはないし、「凶」が出たら、

またひき直してもいいのです。

だれが決めたかわからないことに

振りまわされて元気がなくなるなんて

バカバカしいこと。

それなら自分で元気が出るルールを作ればいいのです。

自分に都合よくものごとを解釈する。

これが元気でいる秘訣です。

観音参りに行こう!

観音参りは心のパワースポットです。
私は、一人さんや「銀座まるかん」の社長たち、
あるいはうちの会社のスタッフたちと、
よく観音参りに出かけます。
観音参りというのは、七福神巡りや
八十八か所巡りによく似ていて、
一番札所から三十三番札所まで
観音様を順番にお参りするというものです。
三十三観音は全国さまざまなところにあり、
三か所を巡って百観音になるように
三十四観音になっているところもあります。
私もいろいろなところに行きましたが、
お気に入りは最後に番外で恐山に行く
青森県の津軽三十三観音と
山形県の最上三十三観音、
そして秩父の三十四観音
どちらも地元の人々が素朴で温かく、
行くたびに癒されます。

観音様は「音を観る」と書きます。
観音様は私たちの願い事を聞いてくれるのです。
だから、ブツブツと口の中で願い事を唱えます。
願うときのコツは、「○○になりました。
ありがとうございます。感謝してます」と、
すでに成就したように過去形で唱えることです。
いくつ願ってもいいのです。
中には紙にいくつも書いてきて、お祈りが
すごく長い人もいます(笑)。
それを三十三(あるいは三十四)か所
繰り返し唱えるのです。
本当に願い事がかなうので、不思議です。

観音参りは〝楽しく〟が基本

今、観音参りが若い人の間でも小さなブームに
なっているようで行く先々で、いろいろなグループに
出会います。とても明るい人たちが多くて、
みんな笑顔で挨拶をしていきます。

それも楽しみの一つなのですが、グループの中には
白装束《しろしょうぞく》に身を包み、ご詠歌を歌ったり、
般若心境を唱えたり、本格的にお参りしている人たちも
います。観音参りの心得にも
白装束に身を包み、無駄口をきかず、お酒も口に
しないのが正しいやり方だと書いてあります。
でも、たいがいのお参りの人はレジャーで、
パワースポットとして来ているようです。
私たちも観音参りは〝楽しく〟が基本です。
服装は自由ですし、車で回れるところは
車で回っています。山道を歩いているときだって
ワイワイガヤガヤ、ハイキングをしているみたい。
でもね、これでいいんじゃないかと思います。
神様の心はそんなに狭くないはずです。
お神酒《みき》を神社に奉納することだって、ありますもんね。
神様だってお酒好き！
白装束でお参りしてもいいし、お酒を飲みたければ
お酒もOK。好きな方法で楽しみましょう！
基本は、人に迷惑をかけずに楽しむこと。
それがカッコいい大人のマナーです。

観音参りは人生そのもの

観音参りをするときは、
地図を見ながら一番から順番に回るのですが、
その地図が手描きで大まかなのです。
だから、なかなかたどり着けなくて、
オリエンテーリングみたいな楽しさがあります。
しかも、すでに通った道を行ったり来たり
することもあって、ルートは全然効率的では
ありません。行きつ戻りつしながら
進むなんて、まるで人生みたい。
私は秩父の三十四観音が好きで、
2日くらいで回れるので、よく行くのですが、
あそこは二十五番目ぐらいまではけっこう
順調なのに、二十六番目、二十七番目になると
山道を30分かけて歩いたりしなくてはなりません。
三十二番目になると、観音様があるのは崖の上！
苦労してやっと登って、
そこから見える景色のなんて素晴らしいこと!!
こんなところも人生に似てるなあと思います。

いつも心を天国チャンネルに合わせよう

ラジオを聞こうとスイッチを入れたとき、
周波数が合っていないと、雑音が入ります。
ピタッと合うとクリアでいい音！
心もいつも天国チャンネルに合わせてください。
とくに大事なのは寝る前です。
寝る前にその日にあったいやなことを考えて、
雑音いっぱいの状態で眠ると、
眠っている間も眉間にシワが寄り、悩んでしまいますし、
翌日もいやなことを引きずってしまいます。
お肌もカサカサになってしまいます。
どんなに悩んでいても、寝る前は天国言葉。
「気持ちのいいベッドで眠れて幸せ」「仕事ができて幸せ」
など、無理やりでも幸せと思って眠りましょう。
昔、眠れないときは羊を数えるというのがありましたが、
代わりに8つの天国言葉を唱えるというのは最高ですね。
眉間が開いて、3つ目の目が開き、
眠っている間に思わぬアイデアを思いつくかも。
寝るときも天国チャンネルに心をピタッと合わせてくださいね。

斎藤一人さんの公式ホームページ

http://www.saitouhitori.jp/
一人さんが毎日あなたのために、
ついてる言葉を、日替わりで載せてくれています。
ときには、一人さんからのメッセージも入りますので、
ぜひ、遊びに来てください。

お弟子さんたちの楽しい会

◆斎藤一人 感謝の会　会長 遠藤　忠夫
http://www.tadao-nobuyuki.com/

◆斎藤一人 大宇宙エネルギーの会　会長 柴村恵美子
PC　http://www.tuiteru-emi.jp/ue/
携帯　http://www.tuiteru-emi.jp/uei/

◆斎藤一人 天国言葉の会　会長 舛岡はなゑ
http://www.kirakira-tsuyakohanae.info/

◆斎藤一人 人の幸せを願う会　会長 宇野　信行
http://www.tadao-nobuyuki.com/

◆斎藤一人 楽しい仁義の会　会長 宮本真由美
http://www.lovelymayumi.info/

◆斎藤一人 今日はいい日だの会　会長 千葉　純一
http://www.chibatai.jp/

◆斎藤一人 ほめ道　家元 みっちゃん先生
http://www.hitorisantominnagaiku.info/

◆斎藤一人 今日一日奉仕のつもりで働く会　会長 芦川　勝代
http://www.maachan.com/